·物流与供应链丛书

物流业与制造业融合发展

THE INTEGRATED DEVELOPMENT OF
LOGISTICS INDUSTRY AND MANUFACTURING INDUSTRY

张清华◎著

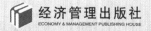

经济管理出版社

ECONOMY & MANAGEMENT PUBLISHING HOUSE

图书在版编目（CIP）数据

物流业与制造业融合发展 / 张清华著 . -- 北京：
经济管理出版社，2024. -- ISBN 978-7-5096-9773-3

Ⅰ. F259.22；F426.4

中国国家版本馆 CIP 数据核字第 2024XD3301 号

组稿编辑：王光艳
责任编辑：王光艳
责任印制：许 艳

出版发行：经济管理出版社
　　　　（北京市海淀区北蜂窝 8 号中雅大厦 A 座 11 层　100038）
网　　　址：www.E-mp.com.cn
电　　　话：（010）51915602
印　　　刷：北京市海淀区唐家岭福利印刷厂
经　　　销：新华书店
开　　　本：710mm×1000mm/16
印　　　张：15.5
字　　　数：270 千字
版　　　次：2024 年 8 月第 1 版　　2024 年 8 月第 1 次印刷
书　　　号：ISBN 978-7-5096-9773-3
定　　　价：68.00 元

前 言·PREFACE

在全球经济一体化的大背景下，物流业与制造业（简称"两业"）的融合发展已成为推动国家和地区经济增长的重要引擎。中国作为"世界工厂"和世界第二大经济体，其"两业"的融合发展具有尤为深远的影响。改革开放以来，中国的制造业飞速发展，形成了完整的产业链和庞大的市场规模。与此同时，物流业也伴随着制造业的扩张而迅速成长，两者之间的互动和融合日益加深。在国际视野下，"两业"的融合发展呈现不同的特点和趋势。发达国家如德国、日本和美国，其物流业与制造业已经实现了高度融合，形成了高效的供应链体系。这些国家的物流业不仅技术先进、服务完善，而且与制造业的协同创新能力强，能够快速响应市场变化。相比之下，发展中国家的物流业与制造业融合则面临着基础设施不足、技术水平不高、管理体系落后等挑战。中国政府对这一问题高度重视，出台了一系列政策措施，旨在推动"两业"的深度融合，以促进经济结构的优化和升级。中国的物流业与制造业融合发展具有自身的特点，如庞大的市场规模、快速发展的电子商务以及政策的积极引导。加之中国疆域辽阔，不同地域的经济发展水平和地形地势均存在差异，中西部地区相比于东部地区，制造业产业集群较小，物流基础设施建设滞后，园区和企业间协作效率较低，导致"两业"深度融合面临着重重困难，与实现现代化经济体系的目标还有较大差距。这都给中国"两业"的融合发展带来了独特的机遇和挑战。

本书的编写正是基于这样的背景，旨在深入分析中国物流业与制造业融合发展的现状、挑战与机遇，探讨两者融合发展的路径和策略，为政策制定者、行业实践者和学术研究者提供参考和借鉴。希望本书的出版，能够为推动中国物流业与制造业的融合发展提供理论支持和实践指导，为促进中国经济的高质量发展贡献智慧和力量。

本书以中国30个省、自治区、直辖市（不含香港、澳门、台湾地区和西藏）为研究对象，构建了高质量发展背景下物流业与制造业发展评价指标体系，在测算"两业"融合水平的基础上，用多种方法探究"两业"融合的时空格局及动态演进规律，并运用系统动力学理论对"两业"融合机理进行研究。进一步地，选取影响因素进行组态分析，刻画影响"两业"融合发展的组态路径，提出"两业"融合发展的提升路径，以期为推动"两业"深度融合和创新发展提供借鉴和参考。本书的主要贡献如下。

第一，构建了高质量发展背景下的"两业"发展评价指标体系。通过社会网络分析法和文本挖掘方法将核心期刊的文献与文本资讯结合在一起，经过二次提取和修正提炼出物流业与制造业相关指标。同时，结合高质量发展背景，从经济效益、社会效益、生态效益、结构优化、技术创新和开放发展六个维度构建了物流业与制造业发展评价指标体系。

第二，测度了"两业"融合发展水平。通过熵值法确定指标权重，并测算物流业和制造业综合评价指数，进而构建耦合协调模型测算"两业"融合水平。结果表明：研究期间，中国物流业和制造业发展取得了一定进步，"两业"发展关联度较高。从耦合协调度来看，中国"两业"融合程度正处于勉强协调水平，正向初级协调水平迈进，但区域上呈现东部—中部—西部地区依次降低的空间异质性。根据各省份的"两业"融合情况，本书划分了三个"两业"融合发展阶段，分别为联动阶段、融合阶段和深度融合阶段。

第三，揭示了"两业"融合发展时空格局及动态演进规律。运用多种方法对"两业"融合水平的区域差异来源、空间分布规律以及动态演进过程进行分析。结果表明："两业"融合水平基尼系数呈现小幅上升趋势。"两业"融合发展不协调主要缘于区域间差异，东西部差距最大，东中部次之，中西部最小。"两业"融合水平在空间上存在正相关关系，整体上地区空间分布呈现集聚效应，融合水平相似（都高或者都低）的省份趋向于聚集在一起。在动态演进过程中，"两业"融合呈现明显的极化效应和低端化集聚现象，各省份间的差异有逐渐增大趋势。

第四，分析了"两业"融合发展的机理。依据"两业"发展评价指标，构建"两业"融合发展因果关系图和存量流量图仿真模型。结果表明：物流业与制造业系统内部存在相互推动、相互促进的复杂关系。快递业务外包率的增长、信息化投资规模的上升、工资水平的提升及国家资金支持力度的加大四个关键影响因素对"两业"融合发展有至关重要的促进作用，并总结了"两业"融合发展的机理。

第五，构建了影响"两业"融合发展的组态路径。以"两业"融合水平为结果变量，以能源消耗、技术创新、数字化水平、出口依存度、产业结构为五个条件变量，用模糊集定性比较分析（fsQCA）方法探究内外部因素作用于"两业"融合水平的组态路径。结果表明：高融合水平存在三条驱动路径："科技创新型""现代低碳型"和"均衡发展型"。东部地区高融合水平的省份涵盖三条驱动路径，以"现代低碳型"和"均衡发展型"为主，中西部地区以"科技创新型"为主。内外部因素间还存在互补替代关系。分阶段来看，由联动阶段到深度融合阶段，典型省份的组态路径不断创新，要素逐渐多元化。最后，通过理论分析构建了提升"两业"融合发展的理论路径，并提出了促进"两业"深度融合发展的对策和建议。

本书在写作过程中得到了山西财经大学管理科学与工程学院研究团队的支持和帮助，得到了闫绪娴教授、吉迎东教授、赵华平教授常态式的鼓励和督促，尤其是荆树伟教授倾心倾力的指导、支持和帮助；物流工程与管理专业的硕士研究生孙妍、王犇、路杨、刘玲玲、刘金涛、杨婧、赵娜等为本书的写作作出了很多贡献，感谢大家！

感谢山西省风险管理研究会、山西毅圣数智消防股份有限公司为本书进行实地调研和深度访谈提供了大量资源和资金支持。

感谢经济管理出版社的王光艳编辑以及她的同事，他们认真敬业的工作态度，令我肃然起敬。感谢他们的辛勤工作，本书才得以顺利出版。但是由于笔者水平有限，书中不足之处在所难免，望读者不吝赐教。

张清华

于山西财经大学

2024 年 2 月 10 日

目 录 · CONTENTS

第1章

绪论

1.1　研究背景和研究意义

1.1.1　研究背景

物流业连接着生产和消费的两端，是重要的复合型产业，是支持国民经济发展的基础性、战略性、先导性产业。随着经济全球化进程的加快以及电子商务的蓬勃发展，物流业逐渐由传统物流向现代物流转型，并成为时下物流业发展的必然趋势。发达的物流产业和基础设施有助于改善投资环境，吸引更多的外国企业和国际资本进入中国市场。中国物流信息中心发表的 2021 年全国物流运行通报显示，2021 年，中国社会物流总额为 335.2 万亿元，同比增长 9.2%，物流业总收入为 11.9 万亿元，同比增长 15.1%。2022 年前三季度，全国社会物流总额为 247 万亿元，同比增长 3.5%，增速比上半年提高了 0.4 个百分点；物流业总收入为 9.3 万亿元，同比增长 5.9%，增速高于同期全国社会物流总额增速。在过去一段时间内，物流对制造业企业的生产起到了一定的辅助作用，被视为辅助的功能部门。但是，随着现代企业生产方式由大批量生产转向精细化、准时化生产，此时物流就需转变运作方式，实行准时供应和准时采购等。另外，顾客需求的瞬时化，要求保证企业送达产品到用户手中的时效性，以提高企业快速响应市场的能力。供给侧结构性改革、"一带一路"倡议、长三角区域一体化发展等的实施给物流产业发展带来了新的机遇，加之"互联网 +"行动计划和创新驱动发展战略的全面推进，中国物流业模式变革和服务创新步伐将大幅加快。

与此同时，中国成为全球最大的制造业国家，工业和信息化部相关负责人表示，中国制造业对世界制造业贡献的比重接近 30%。制造业规模优势不断巩固，中国制造业增加值从 2012 年的 16.98 万亿元增加到 2021 年的 31.4 万亿元，占全球比重从 22.5% 提高到近 30%，持续保持世界第一制造大国地位，"十三五"时期，中国工业增加值从 23.5 万亿元增加到 31.3 万亿元。制造业是产业链、供应链体系的重要组成部分，外部与农业、服务业等产业领域关联互动，内部涵盖了从原材料、中间产品到产成品生产与流通的一系列环节。一方面，制造业健康发展是产业链、供应链安全稳定的基础。制造业为产业链、供应链循环过程带来了产品和要素，为社会经济的平稳运行和健康发展提供了充足的物质保障。另一方面，制造业是综合国力竞争的主战场，是人才、技术、数据等产业资源要素的基础性产业支柱，想要突破核心技术，只有不断增强制造业的发展韧性，牢牢把握关键环节，才能从根本上保障产业链、供应链安全稳定。"深入实施制造强国战略"在"十四五"规划中居于重要地位。制造业作为立国之本、兴国之器、强国之基，在国民经济中发挥着中流砥柱的作用，能够为物流业带来庞大的需求市场，也体现着一个国家的综合实力和国际竞争力。

智能化、信息化和数字化带动新的技术革命加速推进，创新技术应用、创新管理模式和提升产业链价值成为新的利润增长点。产业链群逐渐趋于整体发展，制造业是国民经济的主体，也是物流需求的重要来源，"两业"的融合程度，决定着"两业"发展水平，产业融合成为经济社会发展的必然趋势。中国物流与采购联合会公布的数据显示，2021年中国社会物流总额中工业品物流占90%以上，工业品在原材料采集、流通加工到最终的消费端整个流程中90%以上的时间处于物流环节。近年来，制造业企业正处转型阵痛期，剥离自营物流，采用第三方物流，是产业升级新的利润增长点。物流业逐渐成为制造业的"第三利润源泉"，为"大国智造"转型之路培育新动能。同时，制造业能够为物流业带来庞大的需求市场和技术支撑等资源，能够加快物流业转型升级，物流业发展在促进制造业降低产品成本、提高经济效益的同时，也能调整传统的"大而全"和"小而全"的经营组织形式，有助于制造业企业提高核心竞争能力。一方面，现代物流业为先进制造业提供了实时、准确的物流支持，完善的物料配送策略提高了生产效率，合格的零部件储存和供给保证了产品质量；另一方面，在定制化取代规模化生产的今天，产品的定制化要想取得高效，生产的柔性化必不可少，在这一过程中，柔性化的物流系统将起到关键作用。先进制造业和现代物流业都在不断发展，因此，两者的深度融合也建立在不断发展的基础之上。"两业"融合发展不仅能稳定双方互利共赢的发展模式，而且有利于促进中国经济可持续发展，并为国内国际市场的高效运转提供有力支撑。可见，"两业"融合发展趋势明显、意义显著，是推动经济高质量发展的重要抓手。

2007 年，国家发展改革委组织召开了首届全国物流业与制造业联动发展大会。2009 年，国务院出台了《物流业调整和振兴规划》，把制造业和物流业联动发展列入"九大工程"。2014 年，国务院发布《物流业发展中长期规划（2014—2020 年）》，制造业物流与供应链管理位列重点工程。2020 年，为进一步推动"两业"深度融合、创新发展，保持产业链供应链稳定，推动构建以国内大循环为主体、国内国际双循环相互促进的新发展格局，国家发展改革委等 14 个部门和单位联合印发了《推动物流业制造业深度融合创新发展实施方案》，提出了制造业与物流业融合发展的要求和任务，在"两业联动"基础上更加突出"深度融合"和"创新发展"。《2012 年全国物流运行情况通报》及《2023 年全国物流运行情况通报》显示：2012~2023 年，社会物流总额显著增长，由 177.3 万亿元增长至 352.4 万亿元。2011~2021 年，物流外包在中国工业、批发和零售企业中的占比显著增长，从 58.5% 攀升至 65.4%。近年来，"两业"融合在国家深入推动下，取得了一定成效，产业间边界逐渐模糊，在降本增效方面效果显著。

但是，目前中国"两业"融合发展还存在一些问题：首先，与发达国家相比，中国生产性服务业发展滞后，融合发展程度与发达国家相比还存在一定差距；其次，因中国疆域辽阔，不同地域经济发展水平和地形地势均存在差异，中西部地区相比于东部地区，制造业产业集群较小，物流基础设施建设滞后，园区和企业间协作效率较低，导致"两业"融合面临区域发展不平衡等问题。另外，"两业"融合还存在融合发展范围不够广、程度不够深、水平不够高，产业间、企业间协同性不够强，融合发展效益没有充分释放等问题，这与构建以国内大循环为主体、国内国际双循环相互促进的新发展格局不相适应，与建设现代化经济体系的目标还有较大差距。

因此，本书对中国 30 个省份（不含香港、澳门、台湾地区和西藏）物流业与制造业融合发展进行研究。首先，对物流业和制造业发展现状以图表的方式进行呈现和分析，对"两业"融合现状进行整体的把握。其次，通过社会网络分析法和文本挖掘方法提取物流业和制造业的相关指标，构建高质量发展背景下"两业"发展评价指标体系；进而测算指标权重和综合评价指数，构建耦合协调模型，测算"两业"融合水平，并在此基础上划分了三个"两业"融合发展阶段，分别为联动阶段、融合阶段和深度融合阶段。再次，分别运用基尼系数及其分解的方法、空间自相关模型、核密度分析法对物流业发展水平、制造业发展水平、"两业"融合水平的区域差异、空间效应、动态演进规律进行研究。复次，从系统动力学角度探究"两业"融合发展的关系，借助因果关系图从定性角度明确系统内部存在相互推动、相互促进的复杂关系，并构建了系统动力学模型，加以仿真模拟，验证了模型的真实性和有效性。最后，以"两业"融合水平为被解释变量进行条件组态分析，探究内外部因素作用于融合水平的组态路径以及不同融合阶段的组态路径；进一步提出促进"两业"深度融合与创新发展的提升路径，为推动"两业"深度融合与创新发展提供借鉴和参考。

1.1.2 研究意义

1.1.2.1 理论意义

经济新常态下，物流业与制造业融合发展作为促进中国经济可持续发展和促成双循环发展格局的重要手段，受到了政府和学者的广泛关注。目前，"两业"融合发展的相关研究主要集中在产业协调度的测度，"两业"融合发展水平呈现的时空差异特征及其动态演进的规律有待运用科学的方法进行进一步的揭示；同时，对于影响"两业"融合发展因素的提炼及其相应的路径对策和理论框架等也需进一步丰富。

一方面，本书进行了实证研究，包括"两业"融合水平测度、时空分异特征及动态演进研究、影响因素组态分析；另一方面，进行了理论与机理研究，包括相关概念和理论概述、"两业"评价指标选取、"两业"融合发展机理分析，研究体系较为完善，丰富了"两业"融合发展相关研究的理论框架。在此基础上，提出了"两业"融合发展的提升路径，为进一步促进"两业"深度融合与创新发展提供理论参考。

1.1.2.2 现实意义

经过多年的发展，中国物流业与制造业融合在深入推广下取得了一定成效，相互融合的发展趋势不断增强。不同地区产业链价值提升明显，产业结构转型有一定成效。但是，东西部地区发展不平衡的现象阻碍了"两业"深度融合发展。因此，需要结合现有理论和实践经验来研究中国"两业"融合发展的影响因素，探索不同区域的"两业"融合新路径。

本书对"两业"融合水平进行了测度，对其时空格局及动态演进规律进行研究，分阶段、分地区对融合水平进行了评价，并刻画了"两业"融合发展的组态路径，最终提出了促进"两业"融合发展的对策建议。这将为新形势下提升制造业竞争力及推动物流业转型升级奠定基础，对促进经济高质量发展和构建以国内大循环为主体、国内国际双循环相互促进的新发展格局具有现实意义。

1.2 国内外研究现状及发展动态分析

1.2.1 研究发展趋势

1.2.1.1 中文文献研究趋势

以"物流业""制造业""物流业＋制造业""融合发展"为关键词在中文社会科学引文索引（CSSCI）数据库中对国家自然科学基金委管理科学部 20 种重要期刊进行检索，检索时首先剔除明显与本书研究领域相关性很低的期刊，如《地理学报》《情报理论与实践》《图书情报工作》《中外法学》《情报杂志》《电化教育研究》《远程教育杂志》《情报科学》等，检索时间为 2002 年 1 月 1 日至 2022 年 12 月 31 日。通过对检索结果进行筛选整理，最终确定了 878 篇相关中文文献，这些文献集中发表在《中国流通经济》《中国工业经济》《中国软科学》《科学学研究》《科研管理》等期刊上，如表 1-1 所示。就研究主题而言，中文文献主要集中于"制造业""物流业""融合发展"，但鲜有学者将物流业与制造业的融合发展作为主题进行探讨。

表 1-1　2002~2020 年与本书研究相关的 CSSCI 期刊文章分布

单位：篇

期刊	主题词			合计
	制造业	物流业	融合发展	
《管理科学学报》	1	0	1	2
《中国软科学》	85	3	16	104
《系统工程理论与实践》	8	1	0	9
《科研管理》	52	3	4	59
《管理科学》	6	1	0	7

续表

期刊	主题词			合计
	制造业	物流业	融合发展	
《管理评论》	31	3	2	36
《管理工程学报》	10	3	2	15
《科学学与科学技术管理》	44	5	2	51
《工业工程与管理》	14	2	0	16
《中国工业经济》	107	1	10	118
《管理世界》	43	1	8	52
《中国管理科学》	14	6	0	20
《系统管理学报》	4	49	0	53
《系统工程》	9	10	1	20
《科学学研究》	68	0	5	73
《运筹与管理》	7	0	4	11
《研究与发展管理》	20	0	0	20
《南开管理评论》	8	1	1	10
《中国流通经济》	50	126	26	202
合计	581	215	82	878

资料来源：笔者通过文献整理而得。

关于"融合发展"主题的发文量如图1-1所示。

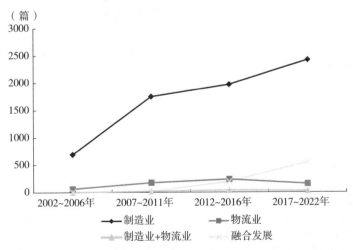

图1-1　2002~2022年与本书研究相关的CSSCI期刊年度发文量

资料来源：笔者通过文献整理而得。

关于"融合发展"（见图 1-1）这个主题的发文量近年来出现大幅增长，2002~2006 年该主题的中文文献仅有 1 篇，2017~2022 年已经增长到了 561 篇，涨幅之高充分显示了该研究领域的热度和流行度；关于"制造业＋物流业"的讨论虽然整体上呈增长趋势，但相比之下发文量最少，说明该研究领域的文献较少。

1.2.1.2 外文文献研究趋势

以"manufacturing industry"（"制造业"）、"logistics industry"（"物流业"）、"manufacturing industry and logistics industry"（"制造业＋物流业"）、"integrated development"（"融合发展"）为关键词在 Web of Science 核心合集数据库进行检索，检索时间为 2002 年 1 月 1 日至 2022 年 12 月 31 日。这些文献集中发表在 *IEEE T IND INFORM*、*IEEE-ASME T MECH*、*J MANUF SYST*、*J INTELL MANUF* 等期刊上，如表 1-2 所示。就研究主题而言，外文文献主要集中于"物流业"，少量文献分布在"制造业"和"融合发展"，鲜有学者将物流业与制造业的融合发展进行探讨。

表 1-2　2002~2020 年与本书研究相关的外文 SCI/SSCI 期刊论文分布

单位：篇

期刊名缩写	主题词		
	manufacturing industry	logistics industry	integrated development
IEEE T IND INFORM	176	9	72
IEEE–ASME T MECH	61	2	30
J MANUF SYST	457	38	42
J INTELL MANUF	280	29	39
IEEE ACCESS	760	152	807
COMPUT IND ENG	600	237	127
ENGINEERING	55	2	29
INT J PROD RES	1088	248	143
INT J ADV MANUF TECH	2571	58	187

续表

期刊名缩写	主题词		
	manufacturing industry	logistics industry	integrated development
J MANUF TECHNOL MANA	305	38	42
合计	6353	813	1518

注：期刊名缩写所对应的全称如下：*IEEE T IND INFORM*：*IEEE Transactions on Industrial Informatics*；*IEEE - ASME T MECH*：*IEEE - ASME Transactions on Mechatronics*；*J MANUF SYST*：*Journal of Manufacturing Systems*；*J INTELL MANUF*：*Journal of Intelligent Manufacturing*；*COMPUT IND ENG*：*Computers & Industrial Engineering*；*INT J PROD RES*：*International Journal of Production Research*；*INT J ADV MANUF TECH*：*International Journal of Advanced Manufacturing Technology*；*J MANUF TECHNOL MANA*：*Journal of Manufacturing Technology Management*。

资料来源：笔者通过文献整理而得。

从年度发文量来看（见图 1-2），以"融合发展"和"制造业"为主题的外文文献比其他两个主题的文献多，2012~2016 年为 77127 篇，2017~2022 年猛增至 201559 篇，充分显示了该研究领域的热度和流行度，该研究领域也是近年来才受到学者更多的关注。

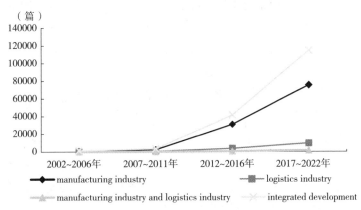

图 1-2　2002~2022 年与本书研究相关的外文 SCI/SSCI 期刊发文量

资料来源：笔者通过文献整理而得。

综上所述，外文文献对"融合发展"的关注多于中文文献，且逐渐成为研究热点，与外文文献相比，中文文献仍聚焦于单独产业如何发展，对"融合发展"的关注有待提高，但随着物流业与制造业的发展及融合程度的不断加深，"两业"融合还存在程度不够深、范围不够广、地域间发展不平衡等问题，故本书以高质量发展、物流业与制造业深度融合与创新发展为背景，探讨物流业与制造业融合发展的时空差异和动态演进规律，针对不同条件路径提出相应的对策建议，以极大地丰富现有研究。

1.2.1.3 主题演进趋势

随着信息化社会的加速发展和网络应用的推广，学者通过文献数据信息绘制科学知识图谱实现学科知识的可视化，借此进行研究理论增长、研究范式转换、学科领域演进以及学科结构辨识等方面的研究。常见的信息可视化分析软件有专家检索系统（ArnetMiner）、数据关系挖掘系统（PaperLens）和引文空间（CiteSpace）等。与其他软件相比，CiteSpace 软件融合了聚类分析、社会网络分析、多维尺度分析等方法，侧重于探测和分析学科研究前沿的演变趋势、研究前沿与其基础知识之间的关系，以及不同研究前沿之间的内部联系。运用 CiteSpace 软件进行文献分析，绘制知识图谱，可将诸多凌乱无序的文献信息，以数量、时间、关联程度为参考指标转化为直观的、结构化的、有序的知识体系，从而揭示科学知识的发展规律，可以更加直观地从时间和内容两个维度刻画相关研究的内容主题、整体态势和网络关系。

本书利用 CiteSpace 6.2. R2 对来自中文社会科学引文索引（CSSCI）和 Web of Science 核心合集数据库的文献进行了关键词共现、聚类、时间线的可视化分析，以更清楚地呈现该领域内研究主题的演化过程、前沿热点和未来趋势。

共现图利用文献集中的词汇或名词短语共同出现的情况，来确定该文献集所代表学科中各主题之间的关系。

聚类图是在关键词共现的基础上得出的，每个聚类都是共现网络中的关键词。

时间线图主要侧重于勾画各个聚类之间的关系和每个聚类中文献的历史跨度，同一聚类的节点按照时间顺序排布在同一水平线上，展示这一聚类的历史研究成果。时间轴上的节点越多，说明此类聚类文献越多；节点越大，年代环越大，代表该关键词被引用次数越多。

本书通过比较国内研究与国外研究的知识图谱，探寻中国物流业与制造业融合发展研究与国外研究的差异，更加清晰地呈现物流业与制造业深度融合的发展路径。

中文文献选取中文社会科学引文索引数据库 2002~2022 年的文献进行分析，由于 Web of Science 核心合集数据库中关于制造业与物流业融合发展的文献众多，根据相关性进行排序，经过筛选，选取了 2013~2022 年的文献进行分析。

关键词共现图谱和聚类图谱如图 1-3、图 1-4 所示，聚类词时间线知识图谱如图 1-5 所示。

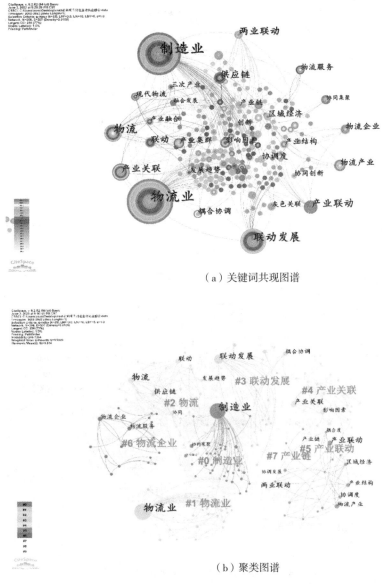

（a）关键词共现图谱

（b）聚类图谱

图 1-3　中文文献研究关键词共现图谱与聚类图谱

资料来源：笔者通过 CiteSpace 软件整理文献而得。

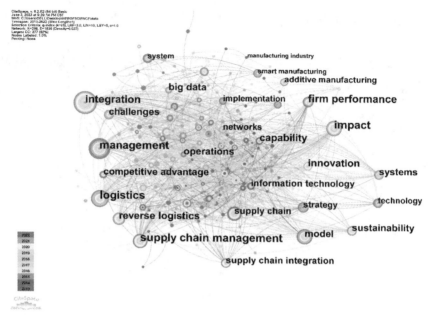

（a）关键词共现图谱

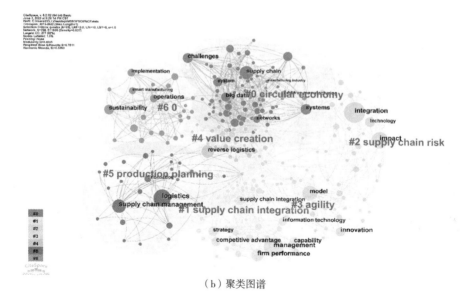

（b）聚类图谱

图1-4 英文文献研究关键词共现图谱与聚类图谱

资料来源：笔者通过 CiteSpace 软件整理文献而得。

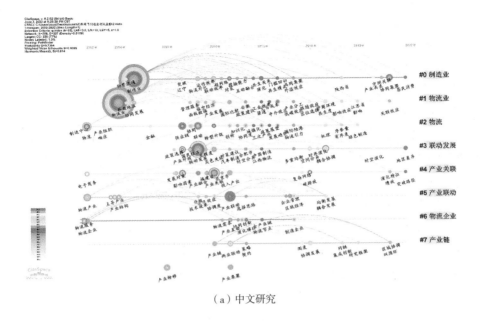

（a）中文研究

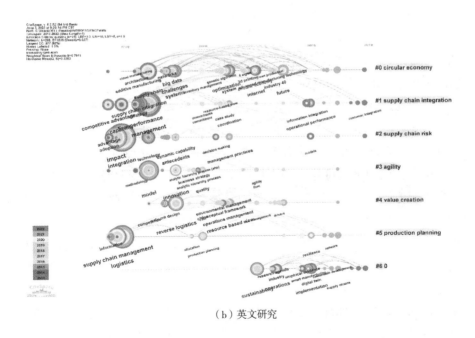

（b）英文研究

图 1-5　聚类词时间线知识图谱

资料来源：笔者通过 CiteSpace 软件整理文献而得。

通过对中英文文献进行分析，从关键词共现图谱和聚类图谱（见图1-3、图1-4）可以看出，在中文文献中，出现频次最高的关键词是"制造业"，其次是"物流业"和"联动发展"；在外文文献中，出现频次最高的关键词是"integration"，其次是"management"和"logistics"。从两者的对比不难看出，"两业"融合发展是国内外学者关注的研究热点，但从其他主要研究热点分析得出，国外学者更关注"big data""sustainability""technology"等。与国内学者关注"物流产业""影响因素"等基础性概念不同，国外学者的研究热点更贴近中国提出的"高质量发展"的内涵和要求，国内研究视角的深度和高度均落后于国外。

在时间线知识图谱中可以清晰地得到各个聚类中文献的数量，聚类中文献越多代表所得到的聚类领域越重要，还能够得到各聚类中文献的时间跨度以及某个特定聚类研究的兴起、繁荣和衰落的过程，进一步探究各聚类所反映的研究领域的时间。如图1-5所示，国内对物流业和制造业的研究最早开始于2004年，学者大多从产业结构、协同发展角度来研究该问题，2009年之后，才开始陆续出现"联动发展""产业联动"等与产业融合相关的关键词；2016年之后，开始出现与本书研究密切相关的"耦合协调""时序演化""时空演化"等热点。因此，本书从发展时空格局和动态演进两个角度来研究物流业与制造业融合发展。

突现词是指在较短时间内出现较多或使用频率较高的词，根据突现词的词频变化可以判断研究领域的前沿与趋势。根据CiteSpace的相关分析可以得到国内外研究文献前10位关键词的突现度，如图1-6所示。

中文文献中突现度排在前5位的关键词依次是"产业联动""产业集群""物流产业""产业关联""联动发展"，其中，"产业联动"体现在2015~2018年。另外，"耦合协调"体现在2017~2022年，并且研究趋势表现为逐年上升，这在一定程度上说明，目前国内"两业"融合研究前沿很大一部分运用了耦合协调模型。外文文献中突现度排在前5位的关键词依次是"future""sustainability""information""industry 4""industry 40"，其中"sustainability"体现在2018~2019年，"industry 40"体现在2019~2020年。另外，"smart manufacturing"体现在2020~2022年，说明这几个主题都是未来的研究热点与趋势。对比国内外研究趋势与热点不难发现，国外更注重智能化、数字化、可持续化等方面的研究，同时这也是国内研究需要补充的内容。

Keywords	Year	Strength	Begin	End	2002~2022
物流产业	2002	2.19	2002	2009	
产业集群	2006	2.44	2006	2008	
物流外包	2009	1.67	2009	2010	
产业关联	2010	1.92	2010	2011	
联动发展	2009	1.85	2011	2014	
产业联动	2011	3.35	2015	2018	
区域经济	2015	1.45	2015	2017	
协调发展	2016	1.50	2016	2019	
耦合协调	2017	1.81	2017	2022	
影响因素	2008	1.76	2018	2022	

（a）中文研究

Keywords	Year	Strength	Begin	End	2013~2022
information	2013	3.21	2013	2015	
capability	2013	2.00	2013	2014	
model	2014	2.00	2016	2017	
genetic algorithm	2017	1.92	2017	2020	
sustainability	2018	3.54	2018	2019	
future	2019	3.85	2019	2022	
industry 40	2019	2.71	2019	2020	
industry 4	2019	2.97	2020	2022	
implementation	2020	2.39	2020	2022	
smart manufacturing	2020	1.97	2020	2022	

（b）英文研究

图 1-6　国内外研究文献前 10 位关键词突现度

资料来源：笔者通过 CiteSpace 软件整理文献而得。

1.2.2　研究热点综述

通过对中英文文献的分析可以发现，学术界相关研究主要集中在"物流业""制造业""产业联动发展"以及"融合发展"方面，以下据此进行综述。

1.2.2.1　物流业、制造业相关研究

1.2.2.1.1　物流业、制造业概念辨析

物流原意为"实物分配"或"货物配送"，物流的概念最早是在美国形成的，起源于 20 世纪 30 年代，被引入日本之后，将其更名为"物流"，物流在全球已经发展了将近一个世纪，但至今还没有一个统一的定

义。人们普遍认为，物流是指物品从生产地到接收地的过程中，按照客户的具体要求，将仓储、运输、流通加工、装卸搬运、配送及信息处理进行集中管理以满足客户需求的一种生产服务型经济活动。有关物流业的研究兴起于 20 世纪中期，有关学者认为，最初，生产制造业企业为了提高其经济效率，适应社会高速发展，将包括物流服务业务在内的非核心业务从企业中剥离出来，由此形成了物流业。张思涵（2016）认为，物流业是企业资源整合和社会具体分工的产物。杨文霞（2019）指出，现代物流业是利用现代信息技术对仓储、运输和配送等一系列活动进行集中整合的复合型生产服务行业，物流业已成为国家经济发展的动脉，是继资源和人力之后的第三利润源，其主要分为交通运输业、仓储业和邮政业，可划分为水路运输业、铁道运输业、飞机运输业、管道运输业、路面运输业、装卸搬运和仓储业、多式联运和国际货物代理业务、邮递业八个产业。2001年 4 月 17 日发布的《中华人民共和国国家标准：物流术语》对物流业的定义如下："物品从供应地向接收地的实体流动过程。根据实际需要，将运输、储存、装卸、搬运、包装、流通加工、配送、信息处理等基本功能实施有机结合。"物流业通过资源整合来提高各行各业的生产经济效率，为社会上各个行业提供生产流通服务，使人们的生产生活变得更加便捷。

制造业水平直接体现了一个国家的生产力水平，是划分发达国家与发展中国家的重要依据。制造业在发达国家的国民经济中占有重要份额。制造业包括产品制造、设计、原料采购、仓储运输和订单处理等相关业务。同时，制造业可以分为传统制造业与先进制造业，其中先进制造业为制造业不断吸收计算机技术、机械材料和电子信息等方面的高新技术成果，并将其与制造业流程中的生产制造、研发设计和营销服务等全过程有机结合，达到自动化、信息化、生态化、柔性化生产，在激发市场活力、促进经济社会发展等方面发挥着重要作用。苏艳林（2020）把制造业界定为：充分利用各种制造资源，包括物料、设备、人力、资金、技术、信息等资源，通过制造过程将各种制造资源转化为可供使用的工业品和生活消费品以满足市场需求的行业。张倬玮（2020）认为，制造业是对制造资源（包括矿产、石油等自然资源和粮食、皮革、化工品等原材料）进行不同层级的加工，使其经物理变化或化学变化后成为新的产品，供人们进行工业生产使用和生活消费使用。冉春艳（2020）认为，制造业是指在现代机械工业时代，按照市场的要求，将能源、物料和人力等各种制造资源，通过制造过程，转变为可供人们使用和利用的大型工具、工业品和生活消费产品的行业。

1.2.2.1.2 物流业、制造业高质量发展

许多学者指出，促进物流业发展有利于国民经济的发展。物流业高质量发展能够破除众多产业遇到的发展障碍，而提高共享水平、优化营商环境、创新技术设备和促进信息发展是推动物流业高质量发展必不可少的重要因素。Van den Heuvel 等（2014）认为，物流业企业共享知识、人才、信息可以给自身创造大量的外部经济效益，还可以从共享装载、运输、存储设备的优势中受益，对物流运营效率的提升起到了重要的作用。在物流业可持续化经营方面，Tang 等（2015）提出，可以通过降低物流业企业的发货频率、定期整理和总结系统信息、优化库存管理方式、使用绿色能源汽车构建低碳物流发展模式。Yang（2019）认为，物流产业是生产服务行业的重要组成部分，在国家经济系统中发挥着"大动脉"的作用，与大部分工业部门有着高度的关联。Tang 和 Veelenturf（2019）认为，物流业不断进行创新优化，可以更加智能化、智慧化地服务于其他行业，带动地区经济的创新整合。Fritschy 和 Spinler（2019）认为，物流产业的创新以服务为方向，以科学技术为中心。在进行技术创新期间，为了满足顾客变化的需求，需要探索有效的创新模式。

国外学者关于制造业高质量发展的研究主要集中在企业的竞争能力和经营能力等方面。Agénor（1997）对法国制造业的国际竞争能力水平进行了评估，指出法国制造业的高质量发展需要从价格、成本、创新、质量等方面进行衡量，合理分配部门资源。Deepika 等（2013）通过选择创新、成本、品质、劳动者、可持续化等 24 个竞争力动力因素考察了汽车制造业的竞争力水平。在全球经济一体化、高质量发展的大环境下，制造业的创新发展必须从根本上改变原有的发展方式。Herrmann 和 Schmidt（2014）把服务作为制造业企业的核心竞争力。Lightfoot 等（2013）和 Rentería 等（2019）的研究表明，技术革新会提高制造业的竞争力水平，它们之间存在长期均衡关系。Cao（2017）则在可持续化前提下，利用创新和能源效应研究了环境限制对制造业竞争力发展的影响。Mary 等（2018）分析了技术、金融市场、产权、政府对制造业高质量发展的影响，发现技术创新、市场、产权制度对制造业发展起到了推动作用。

目前，中国物流行业正处于由高速发展到高质量发展的转型期。物流产业的发展速度在很长一段时间内都高于国内生产总值的发展速度，物流业发展正处于一个关键性的转折点，由粗放型向精益型、由量型向质型、由大规模占有型向资源协调型转变。杜宏（2017）认为，物流专业人才的素质、物流信息化程度、物流基础设施水平、对物流管理人员的重视程度都会对物流业高质量发展产生一定的影响。李晓丹（2018）认为，物流成本的不断增长和物流效率的不断下降是物流业高质量发展的瓶颈，要从完善物流发展机制、培育优质物流业企业入手，为物流产业转型升级注入新动力。师露露和万志鹏（2018）认为，区域交通、农民组织化、农产品特性以及农产品物流的信息化都会影响农产品物流发展水平。陈良云（2019）以农村物流高质量发展水平为研究对象，分析了农村消费水平、经济水平、基础设施建设水平等因素对农村物流发展的影响，从而确定了农村物流高质量发展的主要影响因素。林双娇和王健（2021）从物流经营规模、供给质量、发展效应、发展代价等方面构建了物流高质量发展的度量指标，并运用熵值法对物流高质量发展水平进行了测算。

国内研究人员主要侧重于研究制造业高质量发展的含义、现状及实施路径。关于制造业高质量发展的含义及特点，学者给出了更详细和系统的说明。李巧华（2019）构建经济利益、社会效益、环境保护三者相协调统一的发展模式，定义为制造业的高质量发展，通过技术上的变革、组织上的变化和利益关系者的结合，实现整体生产力的提高。罗文（2019）指出，要实现制造业的高质量发展，必须从传统的劳动、资本等要素的投资转向依靠数据、知识和信息等新型要素的投资，实现经济增长方式的转型。对于制造业高质量发展现状研究，王洪涛和陆铭（2020）指出，目前中国的制造业在技术革新和品牌建设等方面与发达制造强国相比还存在较大的差距，根本原因是供需不匹配。李蕾和刘荣增（2022）提出了产业融合可以显著促进制造业高质量发展，而且协同创新的中介效应显著。张志新等（2022）从中国制造业价值链地位提升视角，对制造业上市企业进行了分析，结果显示，"双碳"目标促进了制造业高质量发展。

1.2.2.2 产业联动发展的相关研究

1.2.2.2.1 产业联动发展的相关概念

产业联动是指在一个区域的产业发展中，不同地区通过产业结构的战略调整，形成合理的产业分工体系，实现区域内产业的优势互补，以及区域内产业的协同发展。产业联动可以促进区域产业结构优化升级和可持续发展，提高区域信息化水平，提升区域人力资源开发的层次、规模和效益，从而达到优化区域产业结构、提升产业能级、增强区域产业竞争力的目的。

实际上，各个产业主体之间的相互联系和合作在实践中都表现为多种形式。在生产要素层面，产业联动表现为资金、劳动力、技术等生产要素在市场之间的相互流动或形成统一标准的生产要素市场；在企业层面，产业联动表现为企业跨区域的投资、并购等经营活动，以及企业之间基于产业链的垂直联系或基于联合技术攻关、市场开拓等共同目标的水平合作；在政府层面，产业联动表现为了某个区域的共同发展而采取的制定产业规划、政策等产业合作行为；在社会层面，一些产业的社会组织为了实现整体产业利益增长而采取制定共同的产业标准、行业规范等行为也是产业联动发展的具体体现。

物流业与制造业的联动发展是指随着买方市场的需求和卖方市场供给的不断变化，物流业和制造业整合市场、物资、劳动力、信息、技术、资金等资源，进而优化资源共享水平，实现产业之间的优势互补。

制造业在一定程度上推动了物流业的产生与发展，如果缺乏制造业的业务支持和产业帮扶，物流业是不可能生存发展并不断壮大的。物流活动中出现的很多功能都是为了满足制造业的发展需求，制造业的发展速率、效益和需求都可能对物流业产生广泛而深远的影响，因此制造业是物流业主要利润的来源，对物流业的生存、发展、变革都起着必不可少的作用。同样地，制造业的不断转型升级也离不开物流业的协作配合和技术支撑。物流业是制造业的第三方盈利来源，可以在很大程度上满足制造业企业原材料的采购与制成品销售的需要，从而降低企业生产成本，提升竞争力，这是制造业企业正常生产运营的前提和基础。同时，物流业是企业生产制造过程中的润滑剂，使制造业维持持续性和衔接性，以减少企业发展的阻碍。

总而言之，物流业在制造业企业生产经营的全过程和全环节中扮演着至关重要的角色，为其持续经营、产业优化、减少成本提供了一条方便、有效的实现途径。与制造业不断进行资源共享，提高联动深度和扩展联动范围，已成为物流产业现代化发展的当务之急。因此，"两业"联动发展十分必要。

当前，中国物流业面临的实际问题已成为新时代中国物流业高质量发展的一个现实切入点。物流业企业要实现高质量发展，必须以信息化、集群化、国际化、生态化和融合化为核心，进而实现产业链的延伸、价值链的提升和供应链的优化。物流业高质量发展必须采用新的技术、新的业态、新的模式和新的道路。制造业高质量发展以满足高品质、个性化和多样化的生产需要为目标，利用新技术和新技术产生的新的资源与能力，整合各利益相关者以及企业内外部资源，提高企业的综合效益，从而实现环境效益、社会效益和经济效益相协调的发展模式。质量、效率、动力是实现制造业高质量发展的根本要求。

物流业与制造业高质量联动发展必须具备以下条件：第一，信息共享是物流业与制造业高质量联动发展的核心条件和关键步骤，有利于打破信息不对称导致的产业链和供应链联动的不利障碍，并且为"两业"要素资源的整合利用和数字经济的优化完善提供了良好的信息环境。信息共享有效连接了供应和需求数据的传递，为物流业和制造业联动合作提供计划、决策和战略方面的帮助和支持，根据产业链和供应链的连接需求来不断优化"两业"之间的连接结构，不断提高运营效率，从而实现降低成本和提高品质的目标。第二，"两业"高质量联动发展需要制定规范化和统一化的衔接标准，有利于打破连接壁垒，实现合作共赢的运营基础。标准的规范化，使"两业"在联动发展中的运营环节不受阻碍，避免人力浪费，减少资源的重复投资，从而最大限度地利用各生产要素，降低物流业和制造业各自的经营费用；标准一致性能够不断促使制造业向智能化、可持续化发展，不断完善和优化新型物流业务模式和体系。通过加快建立健全物流服务标准化系统，以重要物流理论为基础，为"两业"的高效连接提供法律保障。第三，"两业"加快设施协同能够为"两业"高质量联动发展提供集体运作的物质载体，产生因为提高效率和价值渠道多元化而带来的利益来源。设施协同能够完善物流运输节点和通道的布局，打破"两业"连接不畅的阻碍，在运输网络中充分发挥物流枢纽的功能和作用，实现物流线路配送的无缝衔接；利用物流设施载体的有机连接，能够最大限度地提高装载、卸载、运输装置的利用效率，进而提高物流运输的专业化程度与运输速度。第四，流程贯通是实现"两业"高质量联动发展的重要支柱。"两业"高质量联动超越了简单的商业合作关系，是在现代信息技术与物流高新技术合作发展的基础上，拓展"两业"流程的联动深度。流程贯通有利于提高"两业"的整合和协调能力，促进"两业"要素资源的优化、流程的对接、组织的协同；能够优化产、购、销整个物流过程的再造，实现"两业"所有环节的协调操作，为高质量联动提供落脚点。第五，"两业"高质量联动是市场自发的内在行为，是市场主体主动追求价值实现的经营活动。通过对"两业"联动市场环境的分析可以看出，中国经济进入新常态后，经济结构转型升级和产业结构调整步伐加快，对产业发展提出了更高要求；物流市场需求旺盛，物流市场竞争加剧，"两业"高质量联动能够完美地打破物流业企业小、散、弱的障碍，通过树立高质量的物流龙头企业作为榜样，激发物流市场的发展活力，为物流业发展提供动力因素。

综上所述，本书认为，"两业"高质量联动发展是指物流业和制造业作为产业发展的关键产业分别在组织化的基础上进行信息共享、标准衔接、设施协同、流程贯通及开拓市场，以实现产业结构优化、资源配置升级、绿色环保发展和成果惠企惠民，最终达到创新、协调、绿色、开放、共享的高质量发展目标。

1.2.2.2.2 产业联动发展的内涵演变

产业关联是指为了推动经济的发展，打破区域和产业之间的分裂，引导生产要素的合理流动，从区域和产业两个维度进行地域产业合作的研究。这是对宏观经济体系中地区和产业之间各种经济相关行为的概括。

"两业"联动的概念是在 2007 年 9 月的首届全国物流业和制造业联动发展大会上提出的。它是指物流业和制造业通过战略调整，实现优势互补、合理分工、协调发展，从而优化产业结构，提升竞争力，是产业联动的一种具体形式（董千里，2018）。近年来，经济全球化和制造资源全球化作为两个关键因素，促使企业为了在竞争环境中生存而改变业务流程。有效的物流控制是决定制造业竞争力的主要因素，物流绩效已成为现代制造业企业成功的关键因素（Wochinger et al.，2010；Aziz et al.，2020），物流管理也已成为许多制造业企业竞争战略的重要组成部分（Straka et al.，2021）。物流可以帮助制造和分销满足全球市场日益严格的要求（Lödding，2012），而制造系统更直接地影响物流对象，并且可以通过利用制造和装配中的灵活性潜力来提高物流性能（Windt et al.，2010）。物流系统是制造系统的一个更广泛的组成部分，它可以创造整个供应链中最具竞争力的制造过程。

物流业和相关产业相互影响，都围绕各自产业的核心利益，在互补性原则下形成了产业合作与互动的关系，以企业为主体，以产业联动为基础，为企业提供更高效的物流服务，降低企业成本，提高核心竞争力，成为企业的"第三利润源"，最终形成产业互动合作，促进两者共同发展。早期对物流业和制造业的研究主要集中在物流对制造业企业成本的影响以及提高市场反应能力的作用方面（Gonzalez et al.，2020；Rentería et al.，2019）。研究表明，当制造业企业的战略和结构与企业物流选择的固有优势一致时，绩效会更高（Stock et al.，1999）。有的研究探索了制造业和物流服务的最佳组合（Aghamohammathadeh et al.，2020）；有的研究开始探索如何优化所选的制造和物流交织系统，从而达到制造系统的预期水平（Chankov et al.，2018）；还有的研究开始探索"两业"联动的模式（杨依杭，2017）。

Aktas 等（2011）比较了不同行业企业的外包认知，明确了企业的潜在动机和这些动机对物流外包活动的重要性。该研究为第三方物流供应商提供了重要指导，并对其在不同行业的经营活动进行优先排序，以获得竞争优势。外国学者普遍认为物流活动属于生产性服务活动，在物流服务产业的研究中更多地讨论物流与制造的关系，主要由三种不同的研究角度构成：一是需求论，需求论认为制造业是物流业发展的基础，制造业的发展不断推动物流服务需求的迅速增加。二是供给论，与需求论相反，供给论则认为物流业能够有效提升制造业的生产率，推动其发展。如果没有高度发达的物流业，就不可能形成竞争性的制造业。Hutton 等（2010）是供给论的支持者。三是互动论，Yang 等（2018）是互动论的倡导者，他们结合前两个理论，认为物流业和制造业只有相互合作，才能实现共同发展。随着信息化的推进，物流业和制造业相互联动，两者的界限趋于模糊，两者相互渗透，关系更加密切。

王宁（2011）指出，物流业与制造业的联动是物流业和制造业在以各自利益为中心的互惠性和互补性原则下形成的，是以共生发展为目的的产业合作关系。陈春晖（2012）认为，物流业与制造业联动是为了实现集中运营的最佳资源分配，是企业的综合管理、组织和运营活动，两个产业最终会相互渗透，实现深度合作。关于物流业与制造业的关系，中国学者提出了从属论、供给主导论、互动论、联动论四种不同的理论。从需求依存的角度来看，物流业是由制造业的需求驱动的。因而，物流业在制造业中具有特殊的依存和附属性质。陈宪和黄建锋（2004）指出，物流业是制造业发展的有力支撑，是促进制造业发展的主要途径。互动论是为了在从属论与供给主导论之间寻找一个平衡点，强调不同产业或领域之间的相互作用和协调发展。路红艳（2009）认为，物流业是价值链中可以创造高利润的特殊环节，能够协调产业链上不同环节之间的互补和联动，从而起到优化制造业产业结构的作用。持有联动论观点的学者刘纯彬和杨仁发（2011）认为，价值链对物流业与制造业联动起到了推动作用，两者联动的本质是价值链分解和优化重建过程。张晓丽（2018）深入探讨了中国物流业与制造业联动的发展机理，提出"两业"联动发展能够有效推动第二产业和第三产业向智慧化发展。

研究"两业"联动问题，有利于探索和提高物流业与制造业共同发展的效率，有利于促进区域经济结构优化和产业升级，作为国家物流产业调整和振兴规划的重点项目之一，"两业"联动受到越来越多学者和政府部门的关注，而关于这两个行业之间相互作用的实证研究也逐渐增多。樊敏（2010）认为，整合创新资源、促进联动发展对城市群物流业企业效率的提高具有一定的正向作用。刘睿君等（2015）指出，制造业与物流业的互动发展通过提高产品供给能力和消费能力，降低贸易成本，进而影响价格水平。苏涛永等（2020）认为，"两业"耦合对制造业的生产率有正向的影响。吴爱东和刘慧丹（2021）研究了产业融合度对制造业高质量发展的影响。同时，一些学者在此基础上研究了产业之间的共生演化关系，乃至产业整合（Hacklin et al.，2010），并使用系统耦合理论来描述产业整合的过程（翁钢民、李凌雁，2016）。

1.2.2.2.3 "两业"联动与"两业"融合概念辨析

产业融合是指结构、时间、发展水平处于不同层次的多个产业在某个产业或供应链中相互渗透、包含、协同发展的产业形态，科学的产业融合能够使高端领导低端、先进引领落后、整体带动局部，使产业链内资源得到合理分配，形成"1+1 > 2"的协同效应。产业融合的积极作用可以总结为以下三点。

第一，能够使传统产业实现创新，推动产业结构优化升级。现代产业融合的基础是信息技术，借助数据信息技术对产业发展过程中的相关数据信息进行全面整合与分析，基于数据指导产业融合工作，可以全面提高产业融合效果。借助信息技术，一些传统产业能够聚合资源，对经营发展模式进行调整与优化，为产业结构的优化创新提供帮助。

第二，能够提高产业竞争力。科学的产业融合模式可以使各产业在产业链、供应链中获得经营发展所需的资源，产业融合会带来优势资源的共享，如客户资源、市场资源、信息资源、营销资源、技术资源、人力资源等，通过资源的充分共享及关键资源的补充能够补齐产业短板，使产业发展获得新的机会，提高产业的核心竞争力（董千里，2018）。

第三，能够促进产业区域一体化格局的形成。产业融合可以促进各区域之间的贸易与竞争效应，加速区域之间各类资源与产业的流动、重组、创新，产业融合打破了传统行业及区域之间的界限，实现业务的高度重组与融合，有助于区域产业经济的高速发展。

产业联动是指在一个地区的产业发展中，通过产业结构调整、合理分工，实现优势互补、协同发展，从而优化区域产业结构，提升产业竞争力。而"两业"融合就是实现两个产业主体的无缝对接、精准衔接、相互促进、协同发展，是产业联动的一种具体形式。物理意义上的融合是指融为一体，在本书中，"两业"融合可以理解为物流业与制造业通过各种途径加深合作，乃至成为一个大的高层次的复合系统。

对比"两业"联动与"两业"融合的概念可知，"两业"联动强调加强物流业和制造业的协同和互促，而"两业"融合强调战略合作，物流业与制造业在整个供应链中相互渗透、共同发展，在专业分工的基础上形成"优势互补、你中有我、我中有你"的深度合作。与"两业"联动相比，"两业"融合的范围更广、程度更高、联动更紧密。"两业"联动是"两业"融合的前提和基础，"两业"融合是"两业"联动的高级形态和必然趋势。"两业"耦合协调发展、"两业"联动发展、"两业"融合发展虽然表示了"两业"协同发展的程度不同，但本质都是更好地推动物流业与制造业的共同发展，本书用"两业"耦合协调发展水平来衡量"两业"融合发展水平。

1.2.3 物流业与制造业发展关系研究

外国学者一般用"生产性服务业"来指代物流业，并围绕该产业与制造业的关系展开研究。综合国内外相关研究，主要包括以下四种理论。

1.2.3.1 需求遵从论

需求遵从论认为生产性服务业的本源是制造业。Francois（1990）提出制造业不断发展和进步所带来的服务需求能够带动服务业发展，因此制造业居于主导地位。Guerrieri 和 Meliciani（2005）认为制造业是生产性服务业的先决条件，生产性服务业作为外在机构附属于制造业。唐强荣和徐学军（2007）认为制造业是主体，生产性服务业在制造业生产过程中发挥管理和促进的作用。

1.2.3.2 供给主导论

供给主导论认为生产性服务业能够促进制造业生产效率的提高，对制造业发展有较大影响。Illeris（1994）认为与生产性服务业合作有利于制造业建立比较优势和确立核心竞争力。Eswaran 和 Kotwal（2002）认为制造业规模的扩张离不开生产性服务业为其提供优质服务与技术支持。Hutton（2004）提出制造业建立强有力的部门体系离不开生产性服务业的支撑作用。

1.2.3.3 互动论

互动论认为制造业和生产性服务业之间有互促发展的紧密联系。Kakaomerlioglu 和 Carlsson（1999）认为物流业发展离不开制造业提供的需求市场，同时物流业等生产性服务业能够为制造业提供技术服务。Bathla（2003）、邓良（2013）也持有类似观点，认为物流业与制造业两者同等重要，互为支撑、互相促进、协同发展，这是双方共赢的有效途径。Rehman 等（2016）认为物流业与制造业的互促发展实际上是供应链的整合过程。

1.2.3.4 融合论

融合论认为制造业与生产性服务业融合是社会现代化发展的必然趋势。Lundvall 和 Borrás（1998）认为，随着技术进步，生产性服务业与传统制造业逐渐趋于融合，两者之间的界限逐渐模糊。范荣华（2016）从成本控制、需求市场、发展前景等维度，对物流业与制造业融合的必然性进行了分析，并构建了"两业"融合发展体系。戴建平和骆温平（2017）认为制造业企业应将物流业务外包给第三方，从而集中资源提高自身核心竞争力。李颖和李晶（2019）认为制造业面临产业转型升级的关键期，"两业"融合能促进产业提质增效、互利共赢。汪芳和石鑫（2022）认为生产性服务业为制造业提供技术服务，两者互动融合促进经济高质量发展。

综观以上理论研究，本书认为需求遵从论和供给主导论具有一定的片面性和局限性。融合论源于互动论，并且进一步深化和发展。融合论是产业发展的必然趋势，而互动论为深入解释"两业"融合发展提供了理论依据。

1.2.4 物流业与制造业融合发展研究

1.2.4.1 物流业与制造业融合机理和模式

在物流业与制造业融合机理和模式方面，国内外学者的相关研究主要包括社会分工理论、交易成本理论、产业关联理论等方面，如表1-3所示。

表1-3 物流业与制造业融合机理和模式

研究视角	主要观点	作者
社会分工理论	对物流业企业与制造业企业组成的供应链展开研究，发现只有"两业"联合才能够实现合作共赢，获得最大效益	Chen 和 Larbanri（2005）
	通过构建联动机理系统动力学模型，对影响物流业与制造业联动效果的关键因素进行研究	何博（2016）
交易成本理论	提出战略联盟、合资、物流托管、交易所和集成外包五种物流业与制造业联动发展模式	王晓艳（2009）
	通过对英国和中国台湾第三方物流供应商的服务能力与绩效水平进行评估和对比，得出运营质量比服务范围更为重要的结论	Liu 和 Lyons（2011）
	提出将第三方物流纳入供应链系统的企业更加重视供应链结构的管理和完善	Jayaram 和 Tan（2010）
产业关联理论	物流业供给协同使制造业产业链业务得以发展和延伸，制造业需求协同有利于促进物流业产业结构升级，"两业"融合对需求供给的合理规划具有重要意义	赵胤斐等（2018）
	针对日日顺物流业企业与海尔制造业企业合作存在的沟通成本高、信息共享困难等问题，提出应借助互联网和云储存等技术建设"两业"信息服务平台，实现资源互通共享	张季平（2020）

资料来源：笔者通过整理文献而得。

1.2.4.2 物流业与制造业融合发展水平测度

目前，国外关于产业融合水平测度方面的研究成果较少，主要以微观视角利用制造业企业物流外包数据展开研究。国内学者对物流业和制造业融合发展水平测度及实证分析的研究较为丰富，主要采用的方法如表1-4所示。

表1-4 物流业与制造业融合发展水平测度方法

研究方法	主要观点	作者
数据包络模型	基于投入产出法构建"两业"融合发展的供需依赖性测算模型，得出中国物流业较大程度依赖制造业的结论	程永伟（2013）
	通过超效率DEA模型测算"两业"互为投入要素的效率值，研究"两业"的相互影响力	王珍珍（2017）
	运用DEA模型从投入产出角度对"两业"融合程度进行了实证分析，并提出促进闽南地区长效融合的建议	杨月锋和赖永波（2021）
复合系统协调模型	构建复合系统协同度模型，对重庆"两业"发展水平和演化趋势进行研究	弓宪文（2016）
	将复合系统协调模型与联立方程模型相结合，在测算"两业"融合水平的基础上，评估"两业"融合对产业绩效带来的影响	梁红艳（2021）
耦合协调模型	从行业和区域层面测度2001~2015年"两业"耦合协调发展水平，并进行优化仿真分析	唐晓华等（2018）
	基于耦合协调理论对中国八大经济区"两业"协调发展水平进行时空分异研究	陈春明等（2020）
灰色关联模型	通过应用灰色关联理论，从行业角度测算"两业"关联度和协调度，并分析了1995~2007年"两业"联动发展的动态演化趋势	王珍珍和陈功玉（2010）
	基于灰色关联模型对长三角地区"两业"关联程度进行测算，得出该地区"两业"联系紧密，并提出政策性建议	宗刚和肖晓昀（2016）
	通过DEA-GRA双层模型测算2009~2018年物流业与制造业全要素生产率，并对"两业"联动效率进行研究	褚衍昌等（2021）
共生度模型	运用共生模型测算长江经济带九省二市"两业"融合发展水平及共生寿命，并提出"两业"互惠共生发展模式	王珍珍（2017）
距离协同模型	以30个省份为研究对象，运用距离协同模型对其物流业与制造业联动程度进行测算，并通过随机前沿模型研究"两业"联动与物流业技术效率之间的联系和影响	梁红艳和柳丽华（2020）

资料来源：笔者通过整理文献而得。

1.2.4.3 新发展格局下的物流业与制造业融合发展

新发展格局下，现代流通体系作为生产和消费环节的枢纽，是推动国民经济发展的重要一环。众多学者结合时代背景进一步深入研究，赋予了物流业与制造业融合发展更多的现实意义。王静（2021）分析了双循环经济背景下新冠疫情对产业链造成的冲击，提出"两业"联动要在夯实数字化策略和联动机理的基础上，发展创新科技链和生态链。廖毅和汤咏梅（2021）以新冠疫情期间现代物流所发挥的作用为依据，提出物流业与其他产业联动发展实现"1+1 > 2"的效应。祝合良和王春娟（2021）指出，提升产业链的稳定性和竞争力离不开数字化转型升级和数字基础设施建设。周晓晖等（2022）提出物流业与制造业融合发展是向智能制造目标迈进的重要举措，并对辽宁省2011~2019年"两业"耦合协调程度和时序发展关系进行实证研究。

1.2.5 物流业与制造业融合发展影响因素研究

物流业与制造业融合发展受到多方面因素的影响，这些因素复杂交错，成为研究"两业"融合发展提升路径的重要依据。国内外学者对"两业"融合的影响因素进行了一定的研究，如表1-5所示。

表1-5 物流业与制造业融合发展影响因素

影响因素	作者
技术研发和创新	Guerrieri 和 Meliciani（2005）
供应链复杂性、物流外包类型	Hsiao 等（2010）
技术研发投入力度、研究效率	Leiponen（2012）
经济支持、政府管制、人力资源、行业协会	王晓红等（2013）
自然资源禀赋、产业集聚	董千里等（2015）
区域经济、跨国公司发展、产业结构、技术创新	李秉强（2015）
经济条件、基础设施、行业分布	李根（2016）
政府政策、技术水平、市场需求、行业竞争压力	桂黄宝等（2017）
经济发展水平、产业结构升级、技术创新、政府管制	马妍（2020）
产业集聚指数、对外开放、通信水平	吴传清和邓明亮（2020）
地区信息化水平、地区契约环境	梁红艳（2021）
劳动力储备、知识外溢、市场规模、对外开放、政府干预	鄢飞（2021）

影响因素	作者
创新能力、网络信息化水平、经济结构合理性、经济发展水平、城镇化水平	田强等（2022）
人力资本、基础设施建设、相关及支持性产业、技术创新、政府行为、人均可支配收入	郑伟伟（2022）

资料来源：笔者通过整理文献而得。

关于物流业与制造业融合发展影响因素的实证研究，最常见的是基于计量模型的回归分析。此外，也有一些其他方法，如表 1-6 所示。

表 1-6　物流业与制造业融合发展影响因素研究方法

研究方法	主要观点	作者
回归分析模型	利用空间面板杜宾模型研究"两业"融合发展的影响因素，得出提高通信水平、对外开放水平、产业集聚指数能够显著促进"两业"融合	吴传清和邓明亮（2020）
	从地区信息化水平和契约环境切入探究物流业与制造业的融合路径，认为数字技术的进步和普及将衍生出更多的生产和服务场景，进而促进"两业"融合发展	梁红艳（2021）
	通过探究性空间统计分析方法对中国 31 个省份（不含港澳台）"两业"协同集聚空间分布特征进行分析，再运用空间面板模型对马歇尔三要素对"两业"协同发展的影响进行研究	鄢飞（2021）
敏感性测算	通过敏感度测算，将影响物流业与制造业复合系统协同度的因素按照关联度从高到低进行分析	王心宇（2021）
地理探测器模型	运用地理探测器模型分析得出，华东地区"两业"融合发展受到网络信息化水平的显著推动，且多个因素交互作用产生的影响比单个因素更加显著	田强等（2022）
灰色关联模型	以京津冀城市群为例，运用灰色关联模型分析得出，"两业"融合发展离不开先进制造业人力资源、规模投入和物流业技术效率提升的有效促进	刘晓萌和王蒙蒙（2022）

资料来源：笔者通过整理文献而得。

1.2.6 项目立项趋势

国内科研立项的情况能够从另一个角度反映研究现状与趋势，以"物流业""制造业""两业融合"为项目主题词对国家自然科学基金和国家社会科学基金 2012~2022 年立项情况进行了归纳整理。

总体上看（见表 1-7），2012~2022 年，与本书研究相关的国家自然科学基金每年的立项情况逐渐呈现成熟的趋势；与本书研究相关的国家社会科学基金立项数主要集中在 2013~2017 年，其余年份立项数比较少。国家自然科学基金立项数明显比国家社会科学基金立项数多，2012~2022 年，国家自然科学基金立项数累计达 1507 项，而国家社会科学基金立项数仅为 158 项。

表 1-7　2012~2022 年国家自然科学基金和国家社会科学基金相关领域立项情况

单位：项

立项年份	国家自然科学基金	国家社会科学基金
2012	104	12
2013	153	28
2014	197	22
2015	245	25
2016	199	35
2017	180	19
2018	157	14
2019	126	3
2020	102	0
2021	40	0
2022	4	0
合计	1507	158

资料来源：笔者通过整理文献而得。

从分主题来看（见表 1-8~表 1-10），国家自然科学基金与国家社会科学基金立项项目多数集中在"物流业"与"制造业"主题，"制造业"与"物流业"的项目数分别为 1560 项和 85 项，而关于"两业"融合主题的项目很少，仅有 10 项。物流行业属于新兴的朝阳服务行业，物流行业的发展程度，在很大程度上能够反映中国经济的繁荣程度，随着全球经济一体化进程的不断加快，资源的流动和配置能力大大加强，中国也更加重视物流发展对本国经济、民生的影响，更加重视物流的现代化。制造业是实体经济的主体，是中国现代化经济体系的主要内容，从根本上决定着中国的综合国力和国际地位，中国制造业已经具有较高的制造水平，强大的制造业基础在中国应对各种风险挑战时发挥了至关重要的作用，在国内、国际政治经济环境发生深刻变化的趋势下，中国制造业也向着高质量发展不断前进。而关于"两业"融合的项目很少，这表明物流业与制造业深度融合这个研究内容的短缺。研究物流业与制造业深度融合可以结合时代背景和实际情况，提出"两业"深度融合的提升路径和建议，在丰富现有研究的同时，为各区域物流业和制造业发展提供可借鉴的参考。

表 1-8　2012~2022 年国家自然科学基金和国家社会科学基金分领域立项情况

单位：项

年份	物流业	制造业	"两业"融合
2012	6	106	4
2013	9	171	1
2014	16	202	1
2015	19	239	2
2016	5	229	0
2017	9	188	2
2018	8	163	0
2019	12	117	0
2020	0	102	0
2021	1	39	0
2022	0	4	0
总计	85	1560	10

资料来源：笔者通过整理文献而得。

表 1-9　国家自然科学基金研究主题分布

研究主题	项目负责人及其立项年份
物流业	谷艳博等（2012 年）；贡文伟等（2013 年）；李娜等（2014 年）；江兵等（2015 年）；董锋等（2016 年）；曹炳汝等（2017 年）；陈治国等（2018 年）；刘少坤等（2019 年）；张宝友（2021 年）；等等
制造业	田东文等（2012 年）；王洁玉等（2013 年）；洪茁等（2014 年）；颜廷武等（2015 年）；胡查平等（2016 年）；史青等（2017 年）；胡查平等（2018 年）；陈真玲等（2019 年）；金珺等（2020 年）；董明等（2021 年）；张志学等（2022 年）；等等
"两业"融合	田刚（2013 年）；宋明珍、张娜娜（2017 年）；等等

资料来源：根据国家自然科学基金委员会网站整理。

表 1-10　国家社会科学基金研究主题分布

研究主题	项目负责人及其立项年份
物流业	唐连生、王健（2012 年）；骆温平、董千里（2013 年）；王琴梅（2016 年）；等等
制造业	邓晓虹等（2012 年）；白嘉等（2013 年）；杨振等（2014 年）；周彦汐等（2015 年）；纪玉俊等（2016 年）；陈颇、李小平（2017 年）；李普亮等（2018 年）；王霞等（2019 年）；等等
"两业"融合	王健（2012 年）；褰令香（2014 年）；罗栋、徐姝（2015 年）；等等

资料来源：根据全国社会科学规划办公室网站整理。

与本书研究关联度较大的是骆温平、董千里、王健等人主持的项目（见表 1-11）。

表 1-11　与本书研究关联性较大的国家基金项目

基金	批准号	项目类别	项目名称	负责人
国家社会科学基金	13AJY010	重点项目	制造业与物流业联动的物流服务创新研究	骆温平
	13BJY080	一般项目	基于集成场理论的制造业与物流业联动发展模式研究	董千里
	12BJY069	一般项目	我国物流业对制造业外溢效应的检验分析研究	王健
国家自然科学基金	71321001	创新研究群体项目	制造与物流系统中的空间和时间二维调度理论方法及应用研究	唐立新
	51965046	地区科学基金项目	基于熵函数的离散制造业生产物流系统信息测度	张志峰
	51675441	面上项目	基于 CPS 和工业物联网的智能生产—物流系统自适应协同优化方法研究	张映锋
国家自然科学基金	51475095	面上项目	制造物联网驱动的生产—物流系统 ALC 多尺度联动决策方法	屈挺
	51305376	青年科学基金项目	面向制造物流联动的生产调度与物料配送协同优化方法研究	罗浩

资料来源：根据全国社会科学规划办公室网站和国家自然科学基金委员会网站整理。

骆温平在宏观产业层面研究了高端物流业与制造业联动，同时在微观企业层面拓展了物流业企业与制造业企业的双边与多边联动研究。董千里基于集成场理论对制造业与物流业联动发展模式进行研究。王健进行了我国物流业对制造业外溢效应的检验分析研究。唐立新对制造与物流系统中的空间和时间二维调度理论方法及应用进行了研究。张志峰进行了基于熵函数的离散制造业生产物流系统信息测度。张映锋针对智能生产物流系统的协同优化问题，深入探索了基于 GPS 和工业互联网的自适应协同优化方法。屈挺研究制造物联网驱动的"生产—物流"动态联动框架，提出面向典型"生产—物流"运作模式的多环节修正型动态联动运作机制。罗浩面向制造物流联动的生产调度与物料配送协同优化方法进行了研究。

1.2.7 研究动态述评

综上所述，前人在物流业与制造业融合发展领域经过长期持续探索取得了丰富成果，然而在以下两个方面仍存在不足。

第一，从国内外学者已有成果来看，已有研究在物流业与制造业联动发展物流业与制造业协同集聚等方面进行了较为深入的探讨，对于"两业"融合发展的研究也逐年增多：一是明确了什么是"两业"融合，从社会分工理论、交易成本理论、产业关联理论等视角进行研究；二是从微观视角利用制造业企业物流外包数据对"两业"融合水平进行了测度，运用了数据包络模型、复合系统协调度模型等方法；三是运用回归分析模型、敏感性测算、地理探测器模型等方法对"两业"融合的影响因素进行了一定的研究。已有成果为研究物流业与制造业融合发展的机理及路径提供了重要的依据。

第二，已有相关研究取得了丰富成果，为本书的研究奠定了良好的理论基础和方法基础。但关于"两业"融合发展测度的研究，由于关注时间较短，还未形成系统的理论分析框架和完整的科学研究体系。具体来看，现有研究还存在以下不足，有待未来研究的进一步深入。

一是在融合水平测度相关研究中，现有研究重点关注长三角经济带、环渤海地区，以及上市制造业企业等局部样本，而全国性样本定量测度方面的研究较少。

二是在指标体系构建方面，部分研究中评价指标体系包含较少维度，指标选取往往比较单一，与当今经济发展要求的契合度有所欠缺，对物流业和制造业发展水平的评价不够全面和准确。

三是已有的研究局限于时间维度，多数为静态或相对静态的研究，缺少针对物流业与制造业耦合协调的空间分布差异和动态演进研究。

四是大多数研究集中于测度"两业"融合发展水平，而对于影响因素及提升路径的探讨相对缺乏，且影响因素研究方法主要采用研究单一因素作用的计量模型进行回归分析。

综上所述，物流业与制造业融合发展作为促进中国经济可持续发展和促成双循环发展格局的重要手段，受到政府和学者的广泛关注。目前，"两业"融合发展的相关研究主要集中在产业协调度的测度上，对于"两业"融合发展水平所呈现出的时空差异特征及其动态演进规律，有待运用科学的方法对其进行进一步的揭示。基于此，本书在前人研究的基础上基于高质量发展背景构建了系统的评价指标体系，运用耦合协调模型，对中国物流业与制造业融合水平进行测度，并通过基尼系数及核密度估计法研究"两业"耦合协调的区域差异和动态演进规律，进一步从系统动力学视角探究中国物流业与制造业融合发展的关系，最后利用模糊集定性比较分析（fsQCA）方法探究"两业"融合发展影响因素的联动效应，多种方法综合运用，相互补充，保障了研究的可信度，以期为中国物流业与制造业深度融合提供更有效的政策启示。

1.3 研究内容与研究方法

1.3.1 研究内容

本书以中国30个省、自治区、直辖市（不含香港、澳门、台湾和西藏）为研究对象，构建高质量发展背景下物流业与制造业发展评价指标体系，在测算"两业"融合水平的基础上，用多种方法探究"两业"融合的时空格局及动态演进规律，并运用系统动力学理论对"两业"融合机理进行研究。进一步地，选取影响因素进行组态分析，刻画影响"两业"融合发展的组态路径，提出促进"两业"深度融合和创新发展的对策建议。具体如下。

第1章为绪论。本章主要对本书的研究背景和意义、研究现状、主要内容及创新点等进行阐述。

第2章为相关概念及理论概述。本章主要对本书涉及的相关概念和理论基础进行阐述。

第 3 章为中国物流业与制造业融合发展现状。本章主要以图表形式对"两业"发展现状和融合发展现况进行梳理及分析。

第 4 章为中国物流业与制造业发展评价指标体系构建。本章通过社会网络分析法和文本挖掘方法对专业文献和现实文本进行二次提取和修正，提炼高质量发展背景下"两业"的发展评价指标体系。

第 5 章为中国物流业与制造业融合发展的测度分析。本章通过熵值法确定各指标权重，测算物流业与制造业综合评价指数，并进一步构建耦合协调模型测算"两业"耦合度、耦合协调度。

第 6 章为中国物流业与制造业融合发展的时空格局及动态演进分析。本章进一步对"两业"融合发展的时空格局及动态演进规律进行研究。一是通过基尼系数及其分解的方法探究其区域差异来源，二是构建空间自相关模型进一步揭示其空间分布规律，三是绘制核密度曲线图呈现其动态演进过程。

第 7 章为中国物流业与制造业融合发展的机理分析。本章是基于系统动力学的"两业"融合发展影响机理分析。首先构建了物流业与制造业融合发展系统因果关系图；其次根据已有数据选取相关变量与参数，建立存量流量图仿真模型并进行真实性和敏感性检验；最后得出"两业"融合发展的影响机理。

第 8 章为中国物流业与制造业融合发展的组态路径分析。本章是基于 fsQCA 方法的"两业"融合发展组态路径研究，主要探究内外部因素作用于"两业"融合水平的因果复杂机制和路径，并对各条件组态的解释案例进行分析，揭示组态条件之间的互补替代关系。

第 9 章为研究结论与展望。本章根据前文研究规律凝练结论，提出促进"两业"融合发展的对策建议，并对未来的相关研究做出展望。

1.3.2 研究方法

1.3.2.1 知识图谱分析法

知识图谱分析法是一种较新的文献计量学方法，它主要通过文献的各种特征数量，利用数学与统计学方法来描述、评价和预测某领域研究现状与发展趋势。本书运用知识图谱对物流业与制造业融合方面的研究文献关键词进行分析，根据共现图谱和聚类图谱揭示该领域发文量变化情况、研究内容与主题演变之间的关系、不同背景下的研究热点与未来研究的前沿走势，最终对该领域研究的演变进行深入解读。

1.3.2.2 文献研究法

文献研究法是通过收集、鉴别、整理文献，从而形成对事实的科学认识的一种方法。在"两业"融合这一问题上，国内外学者从不同角度进行了丰富研究。本书结合现有文献资料和理论知识，归纳前人研究成果，发掘可供研究的新方向，进一步提出自己的观点，并收集整理了相关概念和理论，为后续研究奠定基础。

1.3.2.3 比较分析法

比较分析法是将客观事物加以比较，从而认识事物的本质和规律并做出正确的评价。本书通过收集数据和相关资料，将中国物流业与制造业发展现状用图表的形式进行整理分析，在比较"两业"发展现状的基础上对中国"两业"融合现状进行整体把握。

1.3.2.4 社会网络分析法

社会网络分析法能够对各种关系进行精确的量化分析，从而为某种理论的构建和实证命题的检验提供量化的工具。本书根据该方法筛选出专业性和权威性较强的文献作为样本，查找与物流业和制造业指标构建相关的文献，计算指标的中心度，通过中心度的排序，结合实际情况提取"两业"相关指标。

1.3.2.5 文本挖掘方法

文本挖掘是从数据挖掘发展而来的，是利用文本有价值知识组织信息的过程，由文本收集、文本分析和特征修剪三部分组成。本书运用该方法对现实文本中物流业与制造业发展评价指标进行二次提取和修正，从而优化社会网络分析法的不足，使得构建的指标体系更加贴合实际。

1.3.2.6 耦合协调模型

耦合协调模型根据耦合协调度反映两个或两个以上且彼此作用而产生相互影响的系统之间的适配度。本书运用耦合协调模型对"两业"融合水平进行计算。首先通过熵值法确定指标权重，计算物流业与制造业综合评价指数，其次构建耦合协调模型测算"两业"耦合度、耦合协调度，最后对各区域、各阶段"两业"融合水平进行评价。

1.3.2.7 基尼系数分析法

Dagum 基尼系数能够分解为地区内差异、地区间差异以及超变密度，能够较为客观地揭示空间非均衡性特征及其内在来源。本书运用基尼系数对物流业、制造业发展以及"两业"融合发展的空间差异从整体、不同区域和区域间进行测度；运用基尼系数分解法对其差异来源从区域内差异、区域间差异和超变密度三个角度进行测算。

1.3.2.8 空间自相关模型

空间自相关模型是一种用来描述空间上相关关系的空间统计模型，是用来分析空间数据相互依赖性最常用的统计方法，包括全局空间自相关和局部空间自相关两部分。本书利用全局空间自相关探索物流业、制造业以及"两业"融合在空间上是否存在整体关联性及集聚程度，采用局部空间自相关检验相邻省份之间的空间关联性和差异程度，从而揭示"两业"融合发展的空间异质性。

1.3.2.9 核密度估计法

核密度估计法是一种非参数估计方法，可以刻画不均衡分布的状态。核密度曲线图可以用来衡量连续变量的概率密度函数，以及可视化大量数据的分布特征。本书基于核密度原理分别用连续曲线描述物流业发展、制造业发展以及"两业"融合发展的概率密度分布，通过图形宽度和峰度的状态对比直观表示30个省、自治区、直辖市（不含香港、澳门、台湾和西藏）发展水平分布的动态演变特征。

1.3.2.10 SD 模型仿真分析法

SD 模型仿真分析法是一种用于研究和预测系统行为的方法，它基于系统动力学原理，通过表达系统各个部分之间的因果关系，建立数学模型来模拟系统的运行。本书首先进行物流业与制造业融合发展系统的概念化，确定该系统中的主要变量及其相互作用，并用符号或图形表示出来，然后将这些变量和相互作用转化为差分方程或微分方程的形式，并加入时间维度，得出仿真模拟结果来描述系统随时间变化的规律。

1.3.2.11 模糊集定性比较分析法

模糊集定性比较分析法是一种案例导向型的研究方法，其基于集合论思想和组态思维，将定性分析与定量分析有效联结，借助架构理论和布尔代数运算，考察前因条件及条件组合与结果的复杂关系。本书从内部机制和外部环境两方面选取五个影响因素作为条件变量，探究这些因素作用于"两业"融合水平的组态路径，并进一步对"两业"融合各发展阶段进行了组态分析。

1.4　创新点与技术路线图

1.4.1　创新点

第一，基于高质量发展背景构建物流业与制造业发展评价指标体系。本书从经济效益、社会效益、生态效益、结构优化、技术创新和开放发展六个维度构建高质量发展背景下物流业与制造业的评价指标体系，并将"快递业务量"作为一个社会效益的指标纳入物流业发展测度体系，将"国家级高新区企业数／总企业数"作为一个结构优化的指标纳入制造业发展测度体系。

第二，多尺度研究物流业与制造业融合水平的时空格局及动态演进规律。已有研究大多局限于"两业"融合水平的时间维度，多为静态或者相对静态的研究。本书运用基尼系数分析法、空间自相关模型、核密度分析法三种方法，对"两业"融合水平的时空格局及动态演进规律进行了多尺度研究。

第三，将 fsQCA 方法应用于"两业"融合发展影响因素研究。本书突破了传统回归分析模型研究单一因素对结果产生影响的局限，尝试从组态视角出发，运用 fsQCA 方法刻画影响因素作用于"两业"融合发展的因果复杂机制和组态路径。

第四，结合时代背景将"能源消耗"和"数字化水平"作为影响因素纳入其理论分析框架。本书将可持续发展理念贯穿到影响因素的研究中，将"能源消耗"作为"两业"融合发展的一个内部影响因素，并结合数字经济背景，将"数字化水平"作为"两业"融合发展的一个外部影响因素。

1.4.2　技术路线图

本书技术路线图如图 1-7 所示。

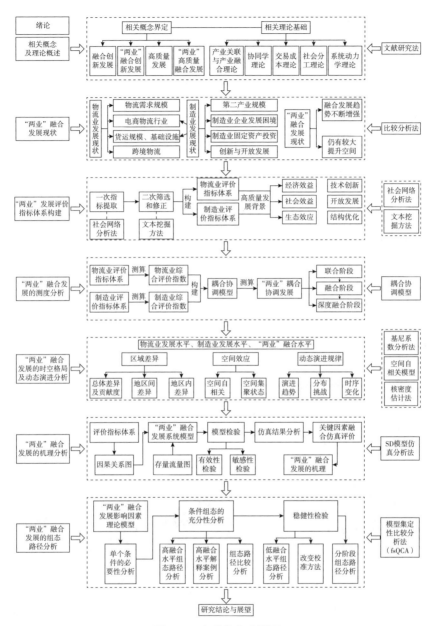

图 1-7 本书技术路线图

资料来源：笔者根据本书内容安排绘制。

第 2 章

相关概念
及理论概述

2.1 相关概念界定

2.1.1 融合创新发展

2.1.1.1 融合创新发展概念演变

融合创新发展的概念可以追溯到20世纪90年代初，当时工业化国家开始面临技术创新和产业升级的压力，在这种情况下，许多经济学家和企业家提出了"融合创新"等基于生产要素组合的理论。美国前总统比尔·克林顿曾在任期内大力推广信息技术和低碳经济的发展，并提出了"信息技术革命促使不同领域相互交融，推动了创新"的观点。随后，各国和企业界也纷纷探索和实践融合创新发展模式。

2015年，《国务院关于积极推进"互联网+"行动的指导意见》中明确提出了"融合创新"的概念，强调互联网与传统产业的深度融合和创新；并将其作为一项重要的科技创新战略来推动中国经济的转型和升级。此后，积极支持科技和产业融合创新，特别是近年来加强了高端制造、人工智能、第五代移动通信技术（5G）等重点领域的投资和支持。从参与主体到发展机制，信息技术与教育的融合创新不断推进（任友群等，2016）；从技术融合、业务融合、市场融合、研发经费融合和研发人员融合等指标的度量结果来看，旅游产业融合成为必然（李锋等，2013）。融合创新发展是一个逐渐演变的过程，涉及实践和理论等多方面。随着科技和社会的快速发展，融合创新发展将继续成为推动全球经济和社会进步的重要力量。

融合创新发展概念的演变可以分为以下几个阶段，如图2-1所示。

第一，传统产业升级阶段。20世纪80年代至90年代初期，许多工业化国家开始面临装备和技术老化，以及竞争力下降等问题，当时，经济学家提出了以创新和科技推动传统工业升级的思路，这是融合创新概念的萌芽。

第二，技术融合阶段。信息技术、生物技术、先进材料等领域迅速发展，其技术相互渗透和交叉，孕育了更多的商业机会和应用场景，这是融合创新发展概念更加清晰的阶段。

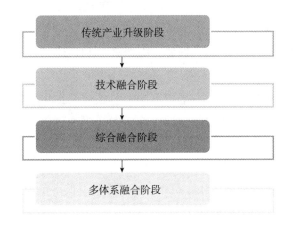

图 2-1　融合创新发展概念演变阶段

资料来源：笔者通过文献整理而得。

第三，综合融合阶段。随着物联网、人工智能等新技术的不断涌现，企业需要整合各种科技成果，实现技术和产业的有机结合。在这一过程中，对公司的运营模式、组织架构、市场定位和价值创造能力等提出了更高的要求，也促使着融合创新发展概念向更广泛和更系统发展。

第四，多体系融合阶段。与传统企业相对应的是各类新兴产业或生态系统。这些新兴产业不仅依赖技术创新，更产生于多流体系、多样化资源之间，表现出了引领性、开放性和复杂性等特征。因此，"融合创新"也涵盖了跨界合作、众包式创新等模式，以及以社区为基础的生态驱动模式等思想。

总之，在不同阶段，融合创新发展概念的内容和目标都在不断扩大和深化，从技术延伸到产业、学科、社会和生态系统等领域，同时也使企业、商业模式、价值创造方式等多方面得到变革。

2.1.1.2 融合创新发展概念

融合创新发展是一种综合性的理念，旨在推动技术、经济和社会的协同发展。它涉及多个领域和主体的合作，旨在促进新型产业的发展和社会福利的提高。

融合创新发展在概念上包括以下几个方面。

其一，技术融合创新，是指不同科技领域的技术相互融合，在这种情况下，不同领域的技术能够支持更加智能、高效的产品和服务。例如，结合机器学习和人工智能技术，可以开发更加智能化的自动驾驶汽车。

其二，产业融合创新，是指不同领域的产业进行合作和创新，以形成更加复合、协同的产业格局。例如，电子商务和物流行业的融合，可以实现在线购物和快速配送的无缝衔接。

其三，跨学科融合创新，是指不同学科领域的知识相互融合，以解决多学科问题。例如，结合物理学和生物学的知识，可以开发更加精准的医疗诊断设备。

其四，社会融合创新，是指不同社会主体之间的合作，以解决社会问题。例如，企业和公民可以相互合作，以推动社会服务的提供和改进。

总之，本书认为融合创新发展是一种全方位的、系统化的思维方式，其目的是推进多领域、多主体的合作与创新，以促进经济和社会的稳定发展。

2.1.2 "两业"融合与创新发展

2.1.2.1 物流业

任何一个产业都是社会分工的产物，属于第三产业的物流业也不例外，随着各国对物流业发展促进和保障力度的不断加强，物流业逐步成为独立性的产业，但是国内外学者对物流业的概念认识仍存在不同程度的差异。

物流业是管理物品和信息的产业，包括采购、生产、运输、仓储、配送、售后服务等环节。物流业可以分为两个主要领域：供应链管理和运输或仓储管理。其中，供应链管理涉及从原材料采购到最终产品销售的全过程，而运输或仓储管理关注如何在不同环节中高效地运输和存储货物。

以上概念最早由美国学者罗伯特·德莱尼（Robert V. Delaney）提出，随着全球化进程加速，物流业逐渐成为重要的经济活动之一。杨春河等（2005）对物流业的定义为：以整合分立和分散的物流资源、有机集合和协调仓储、运输、装卸、搬运、保管、信息、配送、加工等企业物流职能形成专业化物流服务活动和不可或缺的支持性活动的所有企业的集合。国际仓储物流协会对物流业的定义有着不同的看法，该协会认为物流业由供应商、物流信息查询平台、不同运输方式管理机构、物流服务承运方、仓储配送企业等组成。

　　第三方物流业企业是指专门为其他公司或个人提供物流服务的企业，这些服务包括仓储、运输、配送和供应链管理等。第三方物流业企业实行轻资产发展战略（杨现锋、唐秋生，2007），通常具备专业的物流知识和设施，并能够提供更灵活的物流解决方案，以帮助客户降低物流成本、提高效率和发展业务。其主要特征包括：第一，具有外包性质。第三方物流业企业通常通过与客户签订合同的方式，接受客户的委托，并代表客户完成物流活动。第二，专业化程度高。第三方物流业企业通常具有优秀的物流管理团队、专业技术和设备等，并能够提供全面的物流解决方案。第三，灵活性强。第三方物流业企业能够根据客户需求提供多种物流服务方案，同时灵活应对市场变化及客户需求变化。第四，降低客户成本。借助规模效应和专业化优势，第三方物流业企业能够帮助客户降低物流成本。

　　根据其提供的服务范围和内容，第三方物流业企业可以分为以下几类：第一，第三方物流服务商（TPL，又称3PL），主要提供仓储、运输、配送等基础物流服务。第二，第四方物流服务商（4PL），在3PL提供的基础物流服务之上，进一步涉足物流战略规划、供应链设计、信息系统集成等高层次的综合性服务。第三，物流信息服务商，主要提供平台、物流数据处理、系统集成和软件开发等服务。第四，物流金融服务商，提供物流保险、融资租赁等金融服务，以降低物流风险和提高物流效率。第五，物流工程服务商，提供专业的物流工程设计和施工，包括仓库设施建设、物流配套设施设计等。

　　综上可知，物流业指的是管理和协调供应链上的物流活动，包括运输、仓储、包装、配送等环节，以及与之相关的信息流和资金流等方面的工作。它旨在实现货物在生产和消费之间的高效、安全、低成本的运输、储存和流通，并提供优质的物流服务，从而满足客户需求并增加企业价值。物流业主要包括物流规划设计、制造计划控制、采购与供应链管理、仓库和运输等方面。物流业的每次重大进步都离不开上述各行业的变革。未来，智慧物流将成为中国物流业供给侧结构性改革的重要抓手，充分发挥资源整合能力，从连接升级、数据升级、模式升级、体验升级、智能升级和绿色升级全面助推供应链升级（何黎明，2017）。物流业的速度和精准集中体现在快递业中。它不是面向直接消费者的服务，而是由中间需求导向所形成的一种中间投入，涉及生产制造供应链全过程，是第二产业和第三产业共同发展的重要契合点。

2.1.2.2 制造业

制造业是指以人力、财力、物力等资源为基础，经过特定的工艺流程，在各种生产设备的支持下，将原材料、零部件或其他物品加工成成品的产业。制造业在人类历史上已有数千年的发展，目前已经成为国民经济中的重要组成部分。制造业不仅直接创造丰富的商品和就业机会，还对相关的物流、销售、服务等产业产生巨大影响。制造业可以分为传统制造业和高新技术制造业等多个细分领域，在其中应用物联网、智能制造、大数据等技术，不断推动制造业的升级转型和发展。

制造业是整个经济活动中的一个重要领域，涉及诸多的产业和领域，如汽车、电子、机械、航空航天等。中国制造业作为国家的支柱产业，一直保持着较好的发展态势。然而，随着中国人口红利的消失、人工费用的增长，传统制造业依靠人力资源发展的道路已经越走越窄。与此同时，以工业机器人为代表的智能装备为传统的装备制造以及物流等相关行业的生产方式带来了革命性的产业变革。

2.1.2.3 制造业物流

制造业物流指的是在制造业生产过程中所需的物流系统和服务。这些服务包括供应链管理、运输、仓储、材料管理、库存控制、加工、装配、包装和配送等，以确保原材料、零部件和成品能够在需要的地点、时间和数量上得到合理、高效的安排和运营。

制造业物流按其运作模式可分为自营及外包两大类。其中，自营物流在绝大部分中小型制造业企业中占据重要比例，即企业根据具体的市场需求，自行组建物流系统，独立自主地完成其采购、生产及销售等环节的物流活动。而外包物流在市场的实际运行中，以部分外包和全部外包为存在形式。一般情况下，制造业企业选择物流外包的程度与物流业自身所处的发展阶段有直接关系，在物流业发展初期、成长期、成熟期，制造业所选择的物流外包模式均不相同。总的来说，制造业与物流业融合发展的机理在于制造业企业资源配置方式选择和对物流管理是自营还是外包的交易成本权衡（王佐，2009）。目前中国制造业物流以自营和部分外包为主，按其类型可分为：原材料采购物流，包括采购、运输、入库、质检等活动；生产线物流，包括零部件和半成品在生产线上的运输、装配、管理和控制等；成品物流，包括成品的包装、标记、存储、管理和销售配送等；售后服务物流，包括对成品和客户的售后服务、维修和回收等。

2.1.2.4 产业融合

随着经济体系改革、技术水平进步，产业融合成为必然趋势。学者马健（2002）对产业融合的概念提出较为完整的定义：技术进步和放松管制导致产业边界越发模糊，产业融合是指产业间通过共同发展使竞争合作关系升华，追求互惠互利的动态发展模式。产业融合发展重点关注融合发展的动态过程及联动效果，能够有效促进产业结构优化升级，推动经济发展。

产业融合发生的条件具体如下：第一，技术进步。随着技术的不断发展，许多原本独立的产业开始出现交叉，成为新兴产业领域的技术驱动力。第二，同质化竞争加剧。某些单一产业的同质化竞争加剧，企业越来越难在单一领域获得竞争优势，需要通过与其他产业的合作，扩大产业规模和市场占有率。第三，市场需求升级。消费者对产品或服务的要求升级，需要跨领域整合资源以满足多元化的需求。第四，措施支持。实施相关措施，鼓励不同产业间的合作和融合发展，促进跨界融合、协同创新等。第五，资源压力。某些稀缺资源的缺乏，如人才、资金、技术、物流等，要求进行资源整合与共享，通过产业融合进行优化搭配，降低运营成本和提升效率。

因此，本书将产业融合定义为：不同行业间进行资源整合和协同，形成新的产业链或增值服务，实现优势互补、创新发展的过程。

制造业推动了物流业的产生与发展，物流业如果缺乏制造业的业务支持和产业帮扶是不可能发展壮大的。制造业的发展速率、效益和需求都可能对物流业产生广泛而深远的影响，因为物流活动所有功能和目标的实现在很大程度上是为了满足制造业的发展需要，制造业是物流业主要利益的核心来源，对其产业生存、发展和变革都起到必不可少的作用。而物流业是制造业发展的第三方盈利来源，制造业的转型升级有赖于物流业的协作和配合。物流业可以最大限度地满足制造业生产所需的原材料的采购与制成品销售的需要。这是制造业企业正常生产运作管理的前提和基础，同时物流业在制造业维持持续性和衔接性方面扮演着重要的角色，是生产和制造过程中的润滑剂，能够减少产业发展的阻碍。总而言之，物流业在制造业企业生产经营的全过程和全环节中扮演着至关重要的角色，为其持续经营、产业优化、提高利润提供了一条方便有效的实现途径。因此，"两业"融合发展十分必要。

综上所述，本书将"两业"融合发展定义为：随着买方市场不断发展的需求变化，制造业与物流业优化资源共享水平，整合市场、资金、物资、技术、人力、信息等资源，在"两业"融合中实现资源利用的优化配

置目标，以达到各自增长的目的，形成一种互利共赢的良好发展新局面。

2.1.3 高质量发展

党的十九大报告明确提出，我国经济已由高速增长阶段转向高质量发展阶段。这意味着新时代经济发展模式由以"增量"为重心转向以"提质"为导向。高质量发展以创新、协调、绿色、开放、共享的新发展理念为引领，既要保持经济增长规模和速度，也要从更多维度更全面的视角审视社会、环境协同机制。高质量发展强调稳中求进，以人民为中心，注重社会公平、正义和可持续发展，并以供给侧结构性改革为指导，推进实现"质""量"齐升和社会共同富裕。

高质量发展是指在保持经济持续增长的同时，重点关注经济、社会和环境的高质量发展，以提升人民生活水平和实现可持续发展。其特征包括：注重质量而非数量的增长，促进创新和转型升级，优先考虑环境和社会可持续性，注重公平、公正和人民福祉，推动和市场有效结合等。

高质量发展是中国提出的经济发展新目标，在于推进经济结构优化、创新驱动和可持续发展。中国现代物流业经历了漫长的成长期，即将迈入成熟期并进入蓄力转型、提质增效关键阶段，而技术驱动将是跨越式高质量发展的关键（杨守德，2019）。高质量发展的五大特征如图 2-2 所示。

图 2-2　高质量发展的五大特征

一是创新驱动。高质量发展以创新为主要驱动力，通过技术、管理、制度、文化等多方面创新，激发企业活力，提升产品质量和竞争力。

二是质量导向。高质量发展以质量为优先要素，注重产品质量、服务质量、生态环境质量和人才素质等各个方面，不断提高经济社会效益和品牌形象。

三是绿色发展。高质量发展注重生态环境保护，强调绿色发展、低碳发展、循环发展、可持续发展，推动经济增长与环境保护的共同进步。

四是开放合作。高质量发展倡导开放合作，加强国内与国际市场融通，推进产业链、供应链、价值链的国际化合作，实现优势互补，提升经济整体实力。

五是人民情怀。高质量发展追求人民群众的根本利益，注重社会保障、公共服务等各个方面，为人民创造更加安居乐业的美好生活。

这五大特征分别强调了经济发展的驱动力、核心优先要素、可持续发展、国际化合作以及为人民群众服务，有利于推动中国经济的跨越式发展。

制造业高质量发展是经济高质量发展的重要组成部分。为保持制造业稳定发展，应积极进行智能化、节能化转型，推动产业高端化发展，促进物流业与制造业融合发展也是题中应有之义。物流业应注重通过结构优化、协调发展、供需平衡、动力转变等进行提质增效。高质量发展要求为本书建立"两业"发展评价指标体系提供了重要标准和依据。

2.1.4 "两业"高质量融合发展

目前，融合创新的思想和理念已融入各个产业中，比如在文化产业发展的实践中，在坚守文化底线的基础上进行有效融合创新，可以保证文化产业高质量发展（丁立磊、张学敏，2019）。而中国物流业面临的实际问题已成为新时代中国物流业高质量发展的一个现实切入点。"两业"高质量融合发展指的是以制造业为主要代表的实体经济和现代服务业的深度融合，实现优势互补、协同创新、高质量发展的目标。

2.1.4.1 "两业"高质量融合发展的主要特征

"两业"高质量融合发展的主要特征如下：

第一，制造业和现代服务业的融合。制造业作为实体经济的重要组成部分，需要将先进技术和服务型经济相结合，提供差异化的产品和增值服务，实现技术创新和知识密集型服务的融合。通过共享技术平台，加强对智能化、数字化等领域的研究和开发，促进技术在具体行业的应用。

第二，高端制造和高端服务的融合。通过提高产品附加值和服务质量，实现制造业从低端制造向高端智能化转型，以满足消费者对高品质、高服务的需求。物流业企业要实现高质量发展，必须以信息化、集群化、国际化、生态化和融合化为核心，进而实现产业链的延伸、价值链的提升和供应链的优化。物流业高质量发展必须采用新的技术、新的业态、新的模式和新的道路。制造业高质量发展以满足高品质、个性化和多样化的生产需要为目标，利用新技术和新技术所产生的新的资源与能力，以整合各利益相关者，整合企业内外部资源，提高企业的综合效益，从而达到环境效益、社会效益和经济效益相协调。质量、效率、动力是实现制造业高质量发展的根本要求。

2.1.4.2 "两业"高质量融合发展的条件

在以上概念的基础上，本书认为，物流业与制造业高质量融合发展必须具备以下条件：

一是信息化技术支持。物流业和制造业的融合依赖数字化、智能化技术的应用，需要建设智能化仓储、智慧物流平台等。

二是制造业升级改造。制造业需要进行升级改造，向高、精、尖发展，提高制造水平，更好地与物流业融合发展。

三是多元化物流服务。物流业企业需要提供多样化、差异化的物流服务，如跨境物流、市场营销配送等，以满足制造业企业日益复杂的物流需求。

四是高效运营与成本控制。物流业企业需要完善管理体系和流程，提高物流运营效率，同时降低物流成本，从而为制造业企业提供更具竞争力的物流解决方案。

五是改革开放和支撑。加强产业引导，促进物流业和制造业协同发展；加强国际合作、降低贸易壁垒，拓展海外市场；加强法治建设，优化经营环境，为企业提供更好的发展空间和支持。

2.1.4.3 "两业"高质量融合发展的定义

这些条件能够促进物流业和制造业的协同发展，推进商业模式创新和推广应用。综上所述，本书将"两业"高质量融合发展定义为：实现技术和产业链深度融合，在此基础上建立良好的制造与服务协同机制，推动制造业向高质量、高效率、高附加值转型，同时需要注意环保、安全等场景下的应用实践。

2.2　相关理论基础

2.2.1　产业关联与产业融合理论

里昂惕夫最早提出了产业关联理论。1958 年美国经济学家艾伯特·赫希曼将这一理论写入著作《经济发展战略》中，并用定量的方法进行了相关研究。

产业关联源于某一产业的经营活动对其他相关产业的影响，这些关联产业之间存在相互依存、相互制约的紧密关系。产业间的关联不仅是经济和技术层面的联系，还包括依靠产成品流通建立的投入产出关系。如果其中一方通过引进新技术或扩大生产规模实现产业升级，该行业在获得良性发展的同时也会带动相关产业联动发展。产业关联的核心是两个或更多产业互促发展，多方共赢。随着大数据时代的到来，数字化、信息化技术迅猛发展，为关联产业间的发展搭建起更加便捷的信息共享平台，极大改善了信息不对称问题。特别是对于物流业与制造业的关联，科技进步带来交通运输的飞速发展，为产业规模扩张提供了基础设施，也加快了产业高效运转和转型升级的步伐。

产业融合需要制度做保障，技术做基础，企业做主体和产品做客体，如图 2-3 所示。技术融合是产业融合研究的起源。Rosenber 于 1963 年发现，美国机械制造行业中有一种特殊现象，即某种技术可以在不同产业中得到应用和扩散，这种现象后来被称为"技术融合"。之后，不断有学者从不同视角出发，不断丰富和发展产业融合的内涵。目前，产业融合理论是指不同行业之间通过技术、资本、市场等方面的交流融合，使各行业之间形成互补和协同作用，促进经济发展和提高产业竞争力的理论。其核心思想是实现资源整合、优势互补、效能提升的目标。产业融合理论起源于德国，后逐渐在全球范围得到推广。现在，该理论已经被广泛应用于各个产业领域中，并不断更新完善。例如：在产业层面，国家出台了一系列产业融合的相关政策；在企业层面，越来越多的企业开始将产业融合作为自身发展战略的重要组成部分。

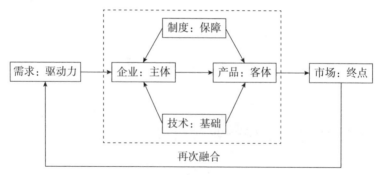

图 2-3　产业融合过程

产业融合理论是近年来兴起的一种产业发展理论，主要包括以下几个角度。

第一，系统集成角度。产业融合是不同产业之间通过整合各自的资源与优势，形成一个新的高附加值、多元化的生产体系。李宇和杨敬（2017）指出产业融合应包括产业间的渗透、交叉和重组等多种方式。

第二，技术驱动角度。产业融合是不同产业之间通过技术创新来推动融合达到提高生产效率和竞争力目的的过程。产业融合是某些产业技术在其他产业中广泛应用和扩散，并引致创新活动发生的过程（苏毅清等，2016）。

第三，产业升级角度。产业融合是传统产业向新兴产业转型升级的过程，促进了经济增长与产业结构优化。产业演进的不同分叉形成了不同的产业融合类型，转变了产业创新体系，进而推动了产业升级（Gerum et al.，2004）。

第四，社会化合作角度。产业融合是不同产业之间联动与合作的过程，打破了行业间的壁垒，促进了社会化的产业协同。

在新发展格局下，产业融合是指在拥有共同技术的基础上，两个或多个产业相互渗透，产业间分界线逐渐模糊或消失的过程。"两业"融合发展可以使制造业与物流业互为需求、互为支持、彼此协作，有利于完善和优化产业结构，提高产品附加值，强化核心竞争力，促进新业态的出现。

物流业与制造业存在经济上的紧密联系。制造业产业链上的诸多环节都存在物流业务，从而为物流业带来了庞大的需求市场。制造业降本增效的发展需求能够促进物流服务体系的建设，不断完善的物流服务能够为制造业转型升级提供有力支撑，优化资源配置，提高核心竞争力。物流业与制造业关联性较强，"两业"融合是经济发展的必然趋势，能够为产业发展带来强大生命力。

2.2.2 协同学理论

协同学是由美国心理学家威廉·约翰逊（William J.Johnson）于 20 世纪 50 年代提出的一种创新性思维方法和解决问题的方法。它强调通过启发性、变形性的思维过程来激发原始的创意、新想法和智慧。

协同学理论在 1971 年由德国物理学家赫尔曼·哈肯提出，主要研究内容是系统间的协作与共同发展。该理论认为复杂系统内部多个系统既彼此独立，又相互影响、相互作用，协同过程是指各个子系统从无序到有序的变化过程。不同系统的协同配合组成了社会系统中的日常经营活动，无论是由一条产业链串联起来的上下游企业［同一企业的不同部门，因为企业自身既是一个系统又是社会经济系统中的一个子系统（张浩等，2011）］，还是同一行业内各方主体，在相互制衡与沟通合作中都体现着协同学理论。产业协同能够延伸价值链，提高盈利能力，带来整体规模和效益的优化。

协同学理论主要包括三个方面：第一，团队合作与沟通。通过积极的沟通和有效的协作，促进团队成员之间的创造性互动和知识共享，达到全局优化的目标。第二，启发式思维与创意发散。通过自由联想、类比、隐喻等手段，引导人们在多样性和差异性中寻找灵感，不断拓展思维边界，从而产生更加创新和高效的方案。第三，问题展望和应用。在解决复杂问题的过程中，注重未来趋势、远见和创新应用价值的探索，通过类比和大胆假设进行具体化和实现。协同学理论的原理如图 2-4 所示。

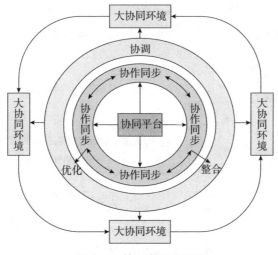

图 2-4　协同学理论原理

协同学理论已经广泛应用于组织管理、创新设计、市场营销、战略规划等领域，并成为许多创新型企业和团队解决问题与推动创新的重要方法论。例如，在协同学视角下对企业迁移效果的战略规划进行分析，最终从区域技术战略的实施形式、连续性和柔性等方面提出改进策略（曾鹏，2014）。物流业和制造业两个系统虽然属于不同行业，但两者紧密联系，都需要与外界不断地进行物质交互和信息互通。经济新常态下，供给侧结构性改革成效显著，制造业企业为追求利润最大化只有不断增加"第三利润"才能满足买方市场环境下的市场需求，由此推动物流业发展，同时专业的物流支撑体系也有利于制造业转型升级，两者相互促进、相互补充。协同学理论认为两者只有协作才能实现信息、资金、技术等资源的共享，增强市场竞争力，为"两业"协同互促、融合发展奠定了理论基础。

2.2.3 交易成本理论

交易成本理论是由奥利弗·威廉姆森（Oliver E. Williamson）发展的一种经济学理论。该理论主要涉及企业与市场交互的成本问题，即企业通过内部组织或市场机制进行资源配置和协作合作所面临的成本。该理论认为，管理者在做出资源配置决策时，需要考虑外在环境中的所有固定和变动的交易成本，包括搜寻信息的成本、协商与决策成本、契约成本、监督成本、执行成本与转换成本，表2-1说明了交易成本的种类及基本内涵。

表2-1　交易成本的种类及基本内涵

交易成本种类		基本内涵
事前交易成本	搜索信息的成本	为了找到满意的产品或服务，买方需要投入成本来搜集有关市场、产品、价格等方面的信息
	协商与决策成本	买卖双方需要相互协商达成交易，并在执行交易前做出决策，这需要花费时间和精力
	契约成本	当买卖双方达成一致意见后，需要制定合同明确双方的权利和义务。契约成本指的是制定、谈判和签订合同所需的成本
事后交易成本	监督成本	在交易执行期间，买卖双方需要相互监督对方的行为是否符合合同约定。若出现违约行为，监督成本将会更高
	执行成本	买卖双方需要履行合同中的条款和条件，执行相关的交割、付款、销售、管理等工作
	转换成本	在交易完成后，如果买方或卖方需要修改或转让交易对象，则需要花费资源和成本在货物质量、使用周期、运输等方面进行适应

简言之，所谓交易成本就是指"当交易行为发生时，所随同产生的信息搜寻、条件谈判与交易实施等的各项成本"。当交易成本较高时，企业更倾向于内部组织，通过垂直整合实现专业化和规模优势；当交易成本较低时，企业更倾向于市场机制，寻求外部合作和市场竞争优势。交易成本理论对企业内部决策和市场机制进行了深入分析，为企业选择最合适的资源配置和协作方式提供了理论依据，并被广泛应用于企业战略管理、组织设计、产业组织领域。

科斯在 1937 年发表的《企业的性质》中提出交易成本是指经营日常经济活动的市场费用。具体到制造业企业中，如果将经济活动中的物流业务交给第三方物流业企业，能够减少制造业企业在经营活动中的沟通和监督成本，在优化市场资源配置的同时减少由信息不对称造成的资源错配等风险。而物流业企业能够依托制造业企业带来的物流需求扩大市场规模，减少寻找客户的成本，有利于物流业企业集中资金，不断改进和完善各个环节的服务质量和水平。陈启泷和狄为（2015）以制造业企业为样本，引入交易成本理论，研究了供应链组织之间信任与承诺的影响因素；唐艳（2015）运用交易成本理论分析了企业治理结构问题。

因此，从交易成本的角度看，物流业与制造业共同发展是实现成本控制、提质增效的有效途径。双方企业通过建立整体价值链，成为合作伙伴，有利于维持双方的契约关系，保障双方权益的同时，稳定长期互利共赢的发展模式。在双循环背景下，进一步激发市场活力，为高质量发展注入"一池春水"。

2.2.4　社会分工理论

社会分工理论是由亚当·斯密（Adam Smith）于 18 世纪提出的一种经济学理论。亚当·斯密认为，劳动的分工既可以在个人内部进行，也可以在社会间分开完成。通过对劳动进行分工，不同行业和领域可以生产更多、更高效、更优质的产品，实现资源的有效配置和利用。而市场机制能够自动地协调不同生产者之间的资源配置和交换，使社会资源在竞争和协作的作用下实现优化。该理论主要探讨了社会劳动分工现象，并从中推导出了市场机制的运行原理和优越性。紧随其后的许多古典经济学家，如黑格尔、李嘉图等，在此基础上继续进行了深入探索，对比分析了专业化分工给不同国家带来的影响，并提出产业内部专业化分工是产业融合的主要原因。

社会分工理论是现代经济学基础，深刻地指明了市场经济的运行规律和优越性，同时也为企业内部管理和资源配置提供了依据。郭雷和袁伦（2011）主要通过社会分工理论分析中国人力资源外包市场的发展规律，并提出相应的对策建议，通过这些对策建议可以提高专业化水平、降低企业成本、提高企业效率和降低管理风险等，可以促进企业的发展和创新，帮助企业更好地应对市场竞争和各种挑战。这一理论也引起了人们对劳动条件、劳资关系等问题的关注。

制造业企业生产经营活动的各个环节都存在物流业务。随着社会发展和科技进步，人民的生活质量显著提高，需求越发多样化。根据分工理论，制造业企业逐渐将生产销售过程中难以满足庞大数量和高质量需求的自营物流服务剥离出来交给第三方物流业企业。在充分发挥不同企业间比较优势的同时，更有利于制造业资源优化配置。

2.2.5 系统动力学理论

系统动力学（System Dynamics，SD）是麻省理工学院福瑞斯特（J.W. Forrester）教授于 1956 年创建的，用于对诸如生产管理、存货管理等企业问题进行分析，以满足现代社会的系统管理要求。它不基于抽象假定，而是以世界的真实存在作为发展的条件，不要求"最优答案"，而从全局的观点，寻求最佳的系统行为，即从整体角度出发寻找优化系统行为的机会和方法，在技术上基于观察和检测系统的真实信息来构建动态的模拟仿真模型，然后利用计算机进行试验获得对系统未来行为的描述。

随着计算机技术的不断发展，学者把数学建模应用于系统研究中。系统动力学模型通常由变量、参数以及变量间的函数关系共同组成，用变量表示模型要素，用变量的取值变化表示要素行为，用函数表示各要素之间的关系。在一个模型中，要素可以依照某种关系进行分类并组合成一个子系统。一个系统可以包含多个子系统，子系统还可以包含子系统，这样整个系统就形成了一个类似于层次的结构（钟永光等，2013）。为了更好地理解一个复杂系统，通常将一个系统分解为多个简单的子系统。系统动力学的整个建模过程，从整体上讲要采用从定性到定量的全面集成的方法。

第一，明确建模目的。建立系统仿真模型的目的主要是研究一组具体的问题，即为了解决问题而进行建模。

第二，确定系统的边界。在此模型中，系统边界是问题研究中的一个重要的控制变量。

第三，建立因果关系图、存量流量图。系统动力学把世界上一切系统的运动假想成流体的运动，使用因果关系图和存量流量图来表示系统的结构。系统动力学因果关系图是一个图形化表示工具，用于显示系统内因果关系的复杂图表。它能够识别系统的正反馈循环和负反馈循环，并描述这些循环如何影响系统行为。因果关系图通常由箭头和标签组成，箭头表示因果关系，标签描述了它们之间的关联。例如，图 2-5 给出了鼠群模型的因果关系图（许光清、邹骥，2006）。

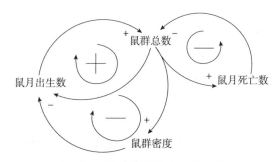

图 2-5　鼠群模型的因果关系图

存量流量图则是一种更为详细的图表，展示了系统中各个组成部分之间的关系和信息流动。它可以用于描述系统的输入、处理和输出过程，以及系统中的决策点。在系统设计和优化中，存量流量图非常有用，因为它可以帮助识别潜在的瓶颈和改进机会。存量流量图通常包括文本描述、符号和箭头等元素。例如，图 2-6 给出了鼠群模型的存量流量图（许光清、邹骥，2006）。

第四，反馈回路分析。反馈回路分析是在已经建立的图表结构模型中找到主要的反馈回路并进行分析。

第五，建立方程、建立系统动态模型，并记录所有变量方程式。由于视觉系统动态建模软件的出现，这个任务变得非常简单。

第六，通过参数控制和模拟仿真分析获得多个仿真结果方案。

第七，与专家用户交流沟通，实现结果综合集成。将定量仿真模拟方案与各种定性分析方案进行比较、评估、修改和重复模拟，以验证整个系统的可靠性，最终形成适当的确定方案。

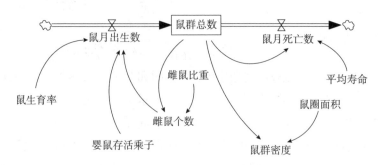

图 2-6　鼠群模型的存量流量图

系统动力学模拟软件 Vensim 为建立系统联动模型提供了一种简便、快捷的方式。在 Vensim 中要建立一个动态的模型，就必须使用多种不同的图形标签把变量连接起来，记录变量之间的因果关系并进行合理分析，然后用合适的方法对变量之间的关系进行建模，在具有方程函数的模型中描述变量和参数之间的定量关系。Vensim PLE 是 Vensim 系统动力学模拟的个人学习版本，页面构建更为简单、清晰，方便用户完善和优化系统模型，变更模型的内容，更有利于使用者学习和设计更方便的系统动态。

2.3　本章小结

本章首先对融合创新发展、高质量发展以及"两业"高质量融合发展的概念进行了界定，其次对本书研究涉及的相关理论进行了阐述，包括协同学理论、产业关联与产业融合理论、交易成本理论、社会分工理论，以及系统动力学理论，为研究物流业与制造业融合发展研究奠定了理论基础。

第 3 章

中国物流业与制造业
融合发展现状

本章基于前文提出的相关概念及理论，对中国物流业、制造业及物流业与制造业融合发展的现状进行全面且深入的分析，旨在为后文探讨物流业与制造业的融合发展提供实证支持和依据。

3.1 中国物流业发展现状

3.1.1 物流需求规模持续扩大

如图 3-1 所示，2010~2021 年中国社会物流总额显著增长，从最初的 125.4 万亿元增长至 335.2 万亿元，增长了 167.3%。

图 3-1 2010~2021 年中国社会物流总额及增长情况

资料来源：笔者根据历年《国民经济和社会发展统计公报》绘制。

社会物流总额显著增长的原因包括：第一，经济的快速增长。随着中国经济的高速发展，工业、商业和消费等领域对物流服务的需求不断增加，这直接促进了社会物流总额的增长。第二，电商行业的崛起。2010 年以来，互联网和电子商务的快速发展，使得物流行业迎来一波强劲的增长，尤其是在快递配送方面，极大地刺激了社会物流总额的增长。第三，扩大开放的程度。中国对外贸易和投资的不断扩大，导致货物流通量、物流运输距离等均有所增加，从而推动了社会物流总额的增长。第四，城市化进程加速。城市化进程的加速推进，人口流动和商品流通频繁度增加，需要更多的物流服务支持，从而促进了社会物流总额的增长。第五，物流技术升级。物流科技快速发展，使得物流业企业可以更好地使用物流信息化等技术手段提高物流运营效率、降低物流成本，也推动了社会物流总额的持续增长。

与此同时，社会物流总额增长率呈现波动下降趋势，但总体仍维持在较高水平，增长态势明显。2010 年和 2011 年社会物流总额增长率（按可比价格计算）最高，分别为 15% 和 12.3%，但是随后一直呈现下降的趋势，2020 年社会物流总额增长率最低，为 3.5%。出现这一下降趋势的原因在于：第一，经济增速放缓。随着中国经济进入新常态，经济增速逐渐放缓，这也导致了物流行业增速的下降，从而影响了社会物流总额的增长。第二，物流成本压力增加。物流成本包括人工、能源、运输等各种成本，近年来受到多个因素的影响，如人口红利消失、人工成本增加、油价上涨等，使得物流成本不断攀升，给物流业企业带来更大的经营压力，同时也降低了社会物流总额的增长率。第三，供需关系变化。物流行业的供需关系也在发生变化，单一货品市场需求增速放缓，但是电子商务等新兴领域的繁荣，对物流业提出了新的服务要求，推动物流行业向高效、快捷和智能化转型。第四，环保政策加强。环保政策的加强，推动了物流业向绿色发展，但也给物流行业带来了一定的经营成本压力，从而影响了社会物流总额的增长率。第五，新冠疫情影响。2020 年新冠疫情的暴发对全球经济和物流行业产生了巨大影响，不少物流业企业受到了新冠疫情的冲击，导致了社会物流总额增长率的下降。

2021 年，物流需求规模首次突破 300 万亿元，同比增速也恢复至近年平均水平，为 9.2%。这表明物流需求规模不断扩大，以消费、出口、生产为主的实物物流发展势头较好，有利于推动实体经济复苏。随着中国经济和社会的不断发展，未来社会物流总额将有望保持稳定增长。

3.1.2　电商物流行业蓬勃发展

3.1.2.1　社会消费品零售总额变化情况

在电商等经济形态不断壮大的背景下，社会消费品零售总额在较大程度上能够反映物流需求变动情况。如图 3–2 所示，虽然 2020 年受新冠疫情影响社会消费品零售总额明显下降，但2012~2021年整体保持稳步增长，同比增长逐渐放缓。

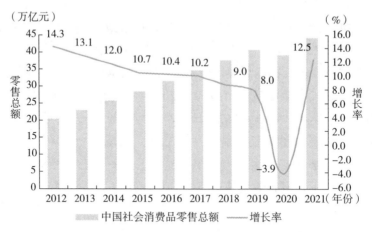

图3-2　2012~2021年中国社会消费品零售总额及增长情况

资料来源：笔者根据历年《国民经济和社会发展统计公报》绘制。

社会消费品零售总额显著增长的原因包括：

第一，经济增长。随着中国经济的快速发展，人民收入水平得到提高，消费能力与消费需求也显著提升，促进了消费品零售总额的增长。

第二，基础设施建设。政府加大基础设施建设，扩大了消费市场和采购渠道，为消费品零售行业提供更多机会和空间。

第三，电子商务的兴起。互联网技术的普及和电子商务的兴起，改变了消费者的购物习惯，推动了线上消费的快速增长，为消费品零售行业注入新的活力。

第四，政策支持。政府积极出台各种政策措施，如减税降费、金融支持等，为消费品零售企业减轻了负担，促进了行业发展。然而，2020年，受新冠疫情的影响，消费市场遭受重创，导致社会消费品零售总额出现负增长的情况。新冠疫情导致了消费者消费意愿下降、商业活动下滑等问题，同时也限制了线下实体店的开展，加速了电子商务的崛起。因此，在这样的背景下，社会消费品零售总额出现了下降。总之，中国社会消费品零售总额自2012年以来呈现总体上升的趋势，尽管受新冠疫情影响有一定的波动，但总体来说仍然保持着较为稳定的增长态势。

3.1.2.2 社会消费品零售总额增长率波动情况

2012~2021 年，社会消费品零售总额增长率呈现出波动下降趋势，2020年下降最为明显，变为负增长，为 −3.9%。出现这一下降趋势的原因在于：

第一，新冠疫情影响。2020 年新冠疫情的暴发给消费者消费意愿和消费行为带来了巨大影响，尤其是在旅游、餐饮、娱乐等领域，消费需求受到了很大压制。

第二，线下实体店受限。新冠疫情期间，各地纷纷实施严格的防疫措施，导致线下实体店关门停业或营业受限，消费者只能选择线上购物，从而影响了社会消费品零售总额的增长。

第三，消费结构变化。新冠疫情加速了消费结构的调整和升级，如线上消费、居家生活用品、医疗器械等产品的需求增长，而传统的服装、化妆品等商品的销售额受到了较大冲击。

第四，国际贸易形势。中美贸易争端等国际贸易形势的不确定性加剧，也对中国的出口产生了一定影响，从而影响了消费品的出口，进一步影响了社会消费品零售总额的增长。

2021 年，中国社会消费品零售总额达 44.1 万亿元，增长率为 12.5%，已恢复到正常水平。这表明从 2021 年开始由于新冠疫情形势好转、政策扶持、电子商务行业发展和居民收入增加等，消费市场逐渐恢复，社会消费品零售总额有望继续保持稳定的增长态势。

3.1.2.3 电商物流业营业收入规模的发展

电商物流行业为中国物流产业发展带来新的机遇，物流市场规模不断扩大，原因如下：

第一，电商快速发展。随着互联网技术的发展和移动支付的普及，电商市场迅猛发展。越来越多的消费者通过电商平台购买商品，对电商物流行业提出了更高的服务要求，促进了其营收规模的持续扩大。

第二，物流科技的不断进步。物流科技的不断创新和应用，如物联网、云计算、人工智能等，让物流行业变得更加高效、便捷和智能化。这些技术的应用不仅降低了物流成本，也提高了物流服务质量，进一步促进了电商物流行业的快速发展。

第三，政策扶持。政府加大对电商物流行业的支持力度，出台了一系列政策措施，如加强物流基础设施建设、鼓励企业技术创新、提高行业准入门槛等，为电商物流行业的发展提供了有力保障。

第四，消费需求的转变。随着消费者需求的转变，如更高的物流服务要求、更多的个性化需求等，电商物流行业逐步向着高端、智能、定制化转型，满足了消费者更广泛和多样化的需求。

第五，新冠疫情的影响。新冠疫情的暴发促使消费者更加倾向于通过电商平台进行线上购买，同时也推动了电商物流行业的快速发展，促进了营收规模的不断扩大。

如图3-3所示，2012~2021年中国电商物流行业营收规模持续扩大，2021年达到8506.2亿元，同比增长13.71%。

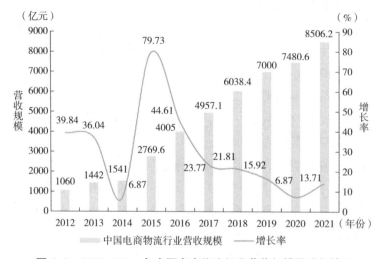

图3-3　2012~2021年中国电商物流行业营收规模及增长情况

资料来源：笔者根据《电商物流行业报告》绘制。

3.1.2.4 电商物流行业营收规模增长率的变化

电商物流行业营收规模增长率呈波动下降趋势，2014年下降最为明显，增长率为6.87%，2015年增长率大幅增长，为79.73%，随后增长率一直呈现下降的趋势，但总体仍维持在较高水平，增长态势明显。变化的原因如下：

第一，2015年增长率大幅上升是因为电商市场快速发展、物流技术的进一步提升、跨境电商的崛起和政策支持力度的加大等多因素共同作用，促进了电商物流行业的快速增长。

第二，增长率逐年下降的原因在于电商市场饱和、物流成本增加、电商物流行业竞争激烈和政策调整等。未来，电商物流行业需要不断加强创新、提升服务质量，并积极适应政策环境和市场变化，才能实现行业的可持续发展。

3.1.3 货运规模和基础设施建设发展迅速

如图 3-4 所示，2012~2021 年，中国物流业固定资产投资总额一直处于上升的趋势，从 3.03 万亿元增长到 6.77 万亿元，增长了 123.43%。2012~2017 年，物流业固定资产投资总额增长幅度较大，增长较快，2017~2021 年增长幅度较小，增长放缓。

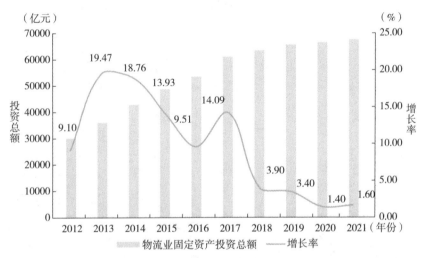

图 3-4 2012~2021 年中国物流业固定资产投资额及增长情况

资料来源：笔者根据历年《国民经济和社会发展统计公报》绘制。

交通运输是实现人员和货物流动的保障，在国民经济中发挥着重要作用。交通基础设施与物流业固定资产投资之间是相互联系的，交通基础设施投资和建设的优劣直接影响物流业固定资产投资的规模和效率。一方面，交通基础设施对物流业具有重要的支撑作用。良好的交通基础设施能够提高物流配送效率，降低物流成本，促进物流业发展，因此会吸引更多的资金投向物流业固定资产。例如，现代化的高速公路、铁路、机场等交通基础设施的建设可以提高物流配送的速度和准确度，从而降低物流配送成本。另一方面，物流业固定资产投资的规模和效率影响交通基础设施的建设和维护。随着物流行业的快速发展，物流业企业需要不断增加仓储、运输等固定资产投资，才能满足日益增长的市场需求。这些固定资产建设需要依赖交通基础设施来完成，如货车需要在高速公路上运输商品，需要机场和港口进行航空和海运等。因此，物流业固定资产的投资规模和效率对交通基础设施的建设和维护也有很大的影响。总之,物流业固定资产投资为其发展提供了重要保障和推动力。在政府的重视和推动下,交通基础设施规模不断扩大,为物流业发展奠定了坚实基础。

如图 3-5 所示,2012~2021 年中国公路、铁路总里程持续上涨。全国公路总里程从 423.75 万千米增长到 528.07 万千米,增长率达到了 24.62%,铁路总里程从 9.76 万千米增长到 15.00 万千米,增长率达到了 53.69%。

图 3-5　2012~2021 年中国公路、铁路总里程

资料来源:笔者根据历年《交通运输行业发展统计公报》绘制。

如图 3-6 所示,2012~2021 年中国铁路、公路和水路货运量不断攀升。其中,公路运输作为最重要的交通运输方式,货运量占比达 70% 以上,近年来呈上升趋势。铁路运输是中国的传统运输方式,货运量占比达 10% 左右,虽然目前铁路货运的占比逐年下降,但仍然是中国重要的货物运输方式之一。水路货运量从 45.87 亿吨增长到 82.40 亿吨,是中国运输能力较为强大的一种运输方式,中国沿海省份以及长江、珠江等大河流域的水路运输比较发达,是中国海陆空多式联运的重要组成部分。民用航空货运量近几年变化不明显,货运量相对较小,但是对于一些急需货物而言,航空运输是非常有效的选择之一,原因在于这种方式通常用于运输远距离的高价值货物,具有速度快、效率高、安全可靠等特点,但运输价格较高。综上所述,中国货运规模庞大且增长迅速,随着技术发展、政策的支持以及市场竞争的加剧,中国货物运输行业将保持良好的发展势头。

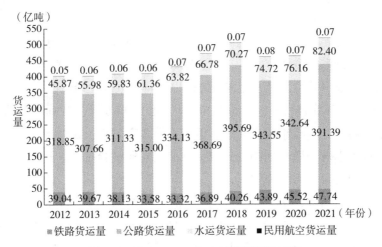

图 3-6　2012~2021 年中国货运规模情况

资料来源：笔者根据历年《交通运输行业发展统计公报》绘制。

3.1.4 跨境物流助推物流业开放发展

3.1.4.1 中欧班列

"一带一路"倡议实施以来，中国越来越多的城市开行中欧班列，推动了国际贸易和跨境物流的发展。如图 3-7 所示，2018 年以来中欧班列开行数量一路攀升，实现跨越式增长，2021 年突破 1.5 万列，同比增长 22%，有力推动了跨境物流更快发展。

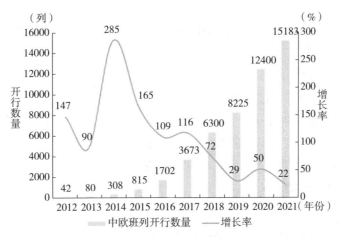

图 3-7　2018~2021 年中欧班列开行数量及增长率

资料来源：笔者根据中国铁路总公司网数据绘制。

3.1.4.1.1 中欧班列的发展阶段

中欧班列是中国与欧洲国家之间的一种铁路货运服务，也称"中欧货运班列"，开辟于 2011 年 3 月，自启动以来，经历了初期试验阶段、坚持可持续发展战略阶段、多元化发展阶段以及持续创新发展阶段。

（1）初期试验阶段（2011~2012 年）。2011 年 3 月，首列中欧班列从中国西安启程，途经哈萨克斯坦、俄罗斯等多个国家，最终抵达德国杜伊斯堡。这标志着中欧班列的正式启动，但在初期试验阶段，开行班列数量不多，周转时间较长。

（2）坚持可持续发展战略阶段（2013~2016 年）。2013 年，中国提出"一带一路"倡议，并将中欧班列列为重要组成部分。此时，中欧班列的基础设施建设和服务水平得到提升，线路数量逐年增加，运输效率逐步提高。

（3）多元化发展阶段（2017~2019 年）。随着"一带一路"建设的推进，以及新型贸易形态的出现，中国开始积极拓展中欧班列的多元化运输服务，包括大宗商品、冷链物流、国际邮包等。同时，中欧班列也开始向更多的欧洲国家开通。

（4）持续创新发展阶段（2020 年至今）。受新冠疫情影响，全球货运市场和贸易形态都发生了巨大变化。在这一背景下，中欧班列不断创新发展，推出便捷化定制服务、数字化监管服务等，为客户提供更加高效的物流解决方案。

3.1.4.1.2 中欧班列的发展现状

目前，中欧班列已成为中国对外开放的重要物流通道和"一带一路"建设的核心项目之一，主要表现在以下几个方面：

第一，线路网络不断拓展。目前，中欧班列已经开通了多条线路，覆盖了包括德国、法国、意大利、西班牙等在内的 23 个欧洲国家和 180 个城市。截至 2021 年底，共计开行班列 1.5 万列，发送货物 146 万标准集装箱。

第二，服务水平不断提升。随着中欧班列的不断发展，服务水平不断提升。目前中欧班列已实现全程闭环监管、电子商务物流、海关快速清关等一系列高效便捷的物流服务。

第三，合作模式日趋多元化。当前，中欧班列各项业务逐渐向多元化发展，新兴业务得到快速拓展，合作模式也从单纯的货运逐步发展成综合性服务。第四，发展潜力巨大。目前，中欧班列已成为中国对外贸易的重要物流通道之一，在货源、物流和市场方面都呈现良好的发展态势。

综上所述，目前中欧班列已成为中国对外开放的重要物流通道和"一带一路"建设的核心项目之一。随着"一带一路"倡议的推进，未来中欧班列的发展前景非常广阔，具有很大的发展潜力。

3.1.4.2 跨境电商

随着贸易数字化转型，跨境电商交易在中国外贸市场中逐渐占据重要地位。如图 3-8 所示，自 2012 年起，中国跨境电商交易规模不断扩大，2021 年达到 14.2 万亿元，同比增长 13.60%，占据 36.32% 的外贸进出口规模。作为产业链新动向，跨境电商的兴起将给物流业带来新的发展机遇，预计在全球贸易中，跨境电商的占比也会不断上升。

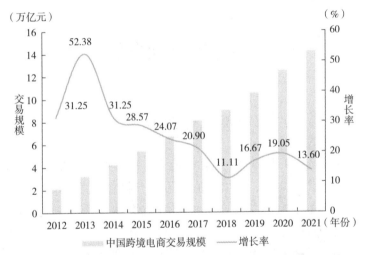

图 3-8　2012~2021 年中国跨境电商交易规模及增长率

资料来源：笔者根据历年《中国跨境电商市场数据报告》绘制。

中国的跨境电商交易规模增长有以下几个原因：

第一，政策支持。中国政府在促进外贸发展和扶持小微企业方面出台了一系列政策，如"一带一路"倡议、跨境电商综合试验区等，这些政策为跨境电商的发展提供了良好的政策环境。

第二，互联网技术发展。随着互联网技术的迅速发展，跨境电商的物流、支付、安全等问题得到了解决，使得跨境电商更加便捷和安全，为其发展提供了技术保障。

第三，中国市场巨大。中国是世界上最大的消费市场之一，拥有数亿中产阶层和年轻人口。中国消费者对国外商品有着很高的需求，因此跨境电商成为许多国际品牌进入中国市场的途径。

第四，供应链优化。过去，跨境电商受到供应链不稳定等问题的困扰，但目前，越来越多的跨境电商企业开始进行供应链优化，以确保能够更快、更稳定地将产品送达消费者手中。

第五，电商平台的崛起。过去，跨境电商企业需要自主建立自己的网站和在线商店，但随着电商平台的崛起，如淘宝、天猫、京东等，跨境电商企业可以更加便捷地进入中国市场。

综上所述，随着技术的不断进步和政策的支持，预计中国跨境电商市场仍将保持快速增长的趋势。

3.2　中国制造业发展现状

3.2.1　第二产业增加值平稳增长

第二产业是指工业部门，包括制造业、建筑业等领域，其中制造业依然是最主要的产业之一，其增加值占第二产业增加值的 85% 左右。如图 3-9 所示，2012~2021 年第二产业增加值由 23.49 万亿元增长到 45.09 万亿元，增长了 91.95%。第二产业增加值不断上升的原因有以下几个方面：第一，技术进步。随着科技的不断发展，第二产业中各行各业的生产方式、工艺和设备不断改进和更新，提高了生产效率和产品质量，从而促进了第二产业的增加值上升。第二，市场扩大。近年来，中国经济快速发展，市场规模不断扩大。同时，随着城镇化进程的加快和消费升级，人们对生活品质的要求也在不断提高。这些因素都带动了更多的需求，推动了第二产业的增长。第三，资源丰富。中国作为一个资源大国，拥有丰富的天然资源和人力资源，这些资源可以为第二产业提供更加充足的物质支撑和人力支持，促进其增长。第四，产业升级。中国正在进行产业升级，这将推动第二产业朝技术含量更高、附加值更大的方向发展，从而实现增加值的上升。

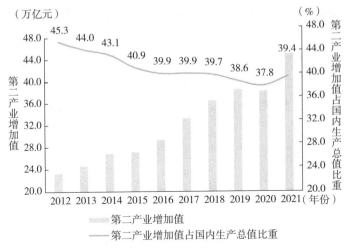

图 3-9　2012~2021 年中国第二产业增加值及占国内生产总值比重

资料来源：笔者根据历年《国民经济和社会发展统计公报》绘制。

第二产业稳步向好，中国作为全球最大制造业国家的领先地位逐渐稳固，2012~2021 年，中国经济在保持增长势头的同时，不断完善产业结构，第二产业增加值占国内生产总值比重由 45.3% 降至 39.4%，这是由于：第一，产业结构调整。随着中国经济的转型升级，政府在加快推进服务业发展、优化工业结构、促进高新技术产业发展等方面出台了一系列政策措施。这些政策措施促使产业结构朝着服务业、高科技产业、创新型产业等方向调整，从而导致第二产业在国内生产总值中所占的比重降低。第二，技术进步。随着信息技术和数字技术的发展，许多企业开始采用智能化制造、自动化生产等新技术，在提高生产效率和产品质量的同时降低了人力成本，这也导致第二产业在国内生产总值中所占的比重降低。第三，环境压力。随着环保意识的不断增强，中国政府对污染治理的要求越来越高，许多传统工业企业受到了环保压力。为了避免污染治理带来的成本和风险，许多企业选择减少生产规模或者进行转型升级，这也会导致第二产业在国内生产总值中所占的比重降低。

3.2.2　规模以上制造业企业正处于发展困境

如图 3-10 所示，2012~2020 年，制造业企业数量从 31.88 万个增长到 37.35 万个。2012~2014 年，除了国家政策引导下石油、化工、冶金等制造业企业大规模减少，以及铁路、船舶、航空航天等企业由于头部集中效应小幅度减少以外，其余行业的制造业企业数均保持增长势头。但是自2015年起制造业企业数量开始出现下降趋势，2017年起连续三年行业亏损总额不断增加，利润总额不断减少。2019年规模以上制造业企业亏损总额达到7262亿元，利润总额减少16%，2020年盈利情况稍有好转。

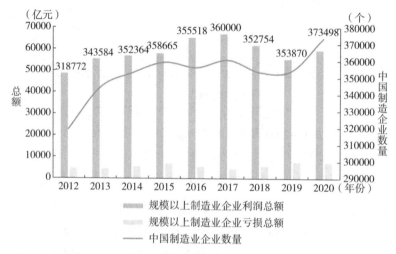

图 3-10 2012~2020 年中国制造业企业数量及盈利情况

资料来源：笔者根据历年《中国工业统计年鉴》绘制。

中国规模以上制造业企业正处于困境表现在以下几个方面：

第一，高成本压力。随着人工成本、原材料价格等成本不断上升，制造业企业的利润空间越来越小。同时，环保、安全、质量等方面的要求也在不断提高，使得企业的经营成本更高。

第二，技术创新不足。许多制造业企业对技术创新投入不足，缺乏自主知识产权和核心技术，导致产品同质化严重，难以满足消费者个性化需求。

第三，人才流失。由于劳动力成本上升，一些企业将生产线转移到海外，这导致了一些技术人才的流失。同时，制造业的结构性问题和工作环境等因素也影响了企业招聘和人才留用。

第四，环保压力增大。近年来，国家加大了对环保的监管力度，一些传统制造业企业受到了环保压力。为了避免污染治理带来的成本和风险，许多制造业企业选择减少生产规模或者进行转型升级。为了解决这些问题，制造业企业亟须创新发展模式，发掘新的利润源，加强技术研发和人才培养，提高产品质量，同时要注重开拓国际市场，提高自身的竞争力，进行转型升级，推动"两业"融合发展势在必行。

3.2.3 制造业固定资产投资增长向好

制造业的发展离不开固定资产投资这一经济支柱。如图 3-11 所示，2012~2021 年中国制造业固定资产投资总额从 12.50 万亿元增长到 24.27 万亿元，增长率高达 94.16%，显示出国家对制造业的高度重视。但投资增速整体处于下降趋势，体现了对产业结构调整战略和经济高质量发展方针的积极响应。其中，2020 年制造业固定资产投资增长率为负值，与新冠疫情等因素有关。

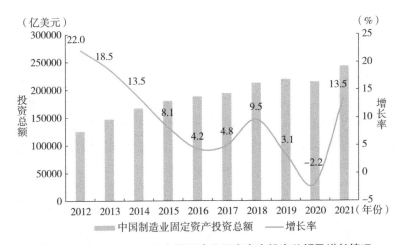

图 3-11 2012~2021 年中国制造业固定资产投资总额及增长情况

资料来源：笔者根据历年《国民经济和社会发展统计公报》绘制。

中国制造业固定资产投资呈现出逐年增长的趋势，其中主要原因包括：

第一，政策支持。为促进经济结构调整和制造业升级，国家在政策层面给予了制造业企业很大的支持，如推进工业转型升级、出台更多扶持政策等，这些政策都对制造业固定资产投资增长起了重要的促进作用。

第二，技术进步。随着科技的不断发展，制造业中的生产方式、工艺和设备得到了不断改进和更新，提高了生产效率和产品质量，同时推动了固定资产投资的增长。

第三，市场需求。随着城镇化进程的加快、消费升级以及新兴产业的崛起，市场对制造业产品的需求不断增加，这也为企业增加固定资产投资提供了动力。

第四，资本驱动。制造业是一个资本密集型的行业，企业需要不断投入资本来购买先进的设备和技术，扩大生产规模。同时，银行信贷的扶持也为企业提供了融资渠道和资金支持。

第五，环保压力。近年来，中国加大了对环保的监管力度，一些传统制造业企业受到了环保压力。为了避免污染治理带来的成本和风险，许多制造业企业选择进行转型升级和装备更新，增加固定资产投资。

预计随着政策的不断优化和技术的不断创新，制造业固定资产投资将会持续增长。当今世界正处于百年未有之大变局，中国需依托实体经济高质量发展提升综合国力，制造业仍具发展潜力。

3.2.4 创新与开放发展水平不断提升

技术创新是制造业高质量发展的驱动力，是科研投入激发出的创新成果，而科研经费投入为创新提供了支撑和保障，专利申请数和有效发明专利数是创新产生的影响。如图 3-12 所示，2012~2020 年制造业 R&D（研究与试验发展）经费和 R&D 项目数、专利申请数和有效发明专利数均逐年上升，可见制造业企业有良好的科创环境。

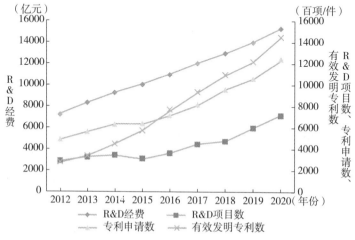

图 3-12　2012~2020 年中国制造业 R&D 活动及专利情况

资料来源：笔者根据历年《中国统计年鉴》绘制。

3.2.4.1 良好的科创环境对制造业企业的影响

制造业企业在良好的科创环境中能够获得各种转型驱动力：

第一，科技支持和资源。良好的科创环境为制造业企业提供丰富的科技支持和资源，包括研发机构、高校实验室、科技创新基地等。制造业企业可以与这些机构合作，共享技术成果和专业知识，加速产品研发、技术创新和改进。

第二，创新支持。制定创新政策，如给予税收优惠、财政奖励和研发资金支持等，鼓励制造业企业进行科技创新。这些为制造业企业提供了经济上的支持，激励其积极投入研发和科技创新活动。

第三，人才培养和吸引。良好的科创环境吸引了许多高素质人才，包括科学家、工程师和技术人员。制造业企业可以借助科创环境培养和引进这些高水平人才，为产业转型升级提供强大的人力资源支持。

第四，创新交流和合作。良好的科创环境提供了创新交流和合作的平台，制造业企业可以与其他企业、研究机构、高校等合作，共同开展研发项目，进行技术转移和创新实践。这种合作可以促进知识共享、技术互补，并增加产业的创新动力和竞争力。

第五，科技成果转化和商业化。在良好的科创环境中，制造业企业可以更加顺利地将科技成果转化为商业化产品或服务。科技孵化器和创业的相关支持，可以帮助企业推动创新成果的商业化，加速产业的转型升级。

总之，良好的科创环境为制造业企业提供了丰富的科技支持、人才支持、合作机会和商业化渠道。在这样的环境中，制造业企业能够积极投入科技创新活动，推动产业的转型升级。同时，制造业企业与科研机构、高校等紧密联动，共同打造创新生态系统，激发创新活力，推动科技成果有效转化为生产力，助力制造业的可持续发展，并为产业转型升级提供驱动力。

3.2.4.2 中国制造业的未来发展

如图 3-13 所示，2012~2020 年，尽管在世界产业结构调整、中国劳动密集型产业向东南亚转移等因素的影响下，中国制造业实际使用外资金额和外资合同项目数出现了一定的下滑，但整体来看仍处于较高水平。在国内国际双循环背景下，制造业将继续保持开放发展的战略格局。

图 3-13 2012~2020 年中国制造业使用外资情况

资料来源：笔者根据历年《中国统计年鉴》绘制。

第一，市场扩大与多元化。保持开放发展战略意味着制造业积极开拓国际市场，突破国内市场的限制。能够获得更广阔的市场空间和多样化的需求，实现业务多元化和规模扩大。

第二，国际竞争力提升。开放发展使制造业直面国际竞争压力，推动企业转型升级。通过与全球优秀企业竞争，制造业不断引入先进的技术、管理经验和创新理念，提升自身的生产能力、产品质量和市场竞争力。

第三，全球供应链优化。开放发展战略鼓励制造业加强与全球供应链的合作与整合。通过与其他国家和地区的企业建立合作关系、实施跨国生产和物流管理，制造业可以优化资源配置、降低生产成本，并提高供应链的弹性和效率。

第四，技术创新与转化。开放发展为制造业提供了获取先进技术、知识和创新成果的机会。通过与国际科研机构、高校和企业的合作，制造业能够引进和吸收最新的技术成果，并加速将技术创新转化为实际生产力，推动工业科技水平的提升。

第五，国际合作与经验交流。保持开放的战略格局使制造业能够积极参与国际合作与经验交流。通过加强国际交流与合作，制造业可以学习其他国家和地区的成功经验、共同面对全球性挑战，从而推动制造业的可持续发展。

综上所述，制造业保持开放发展战略格局是推动制造业走向世界的关键策略。这种开放实现了获得更广阔的市场、提升竞争力、优化供应链、促进技术创新和加强国际合作的目标。通过积极响应国际市场需求、应对全球竞争和加强合作，制造业能够在全球舞台上发展壮大并实现可持续发展。既要吸引优势资源，利用外资稳固自身优势，还要不断注重国际交流，以推动制造业走向世界。

3.3　"两业"融合发展现状分析

3.3.1　"两业"融合发展趋势不断增强

中国全社会物流总额中 90% 以上是工业品，而物流环节贯穿了从工业品生产制造到最终销售的整个过程。在"工业 4.0"背景下，制造业面临转型升级的关键期。物流业不仅是制造业的附属服务，而且作为制造业的"第三利润源"发挥着至关重要的作用。物流业与制造业相互促进、互利共赢的融合发展格局不断深化，为物流业和制造业带来了许多机遇和优势，具体如下：

第一，供应链整合与协同发展。物流业与制造业融合发展可以实现供应链的紧密整合与协同发展。通过信息技术的应用和业务模式的创新，企业可以实现供应链的可视化、智能化和灵活性，提高供应链效率、降低成本，同时缩短产品的交付周期。

第二，定制化与柔性生产能力。物流业与制造业融合发展能够支持定制化需求和柔性生产。通过更加敏捷的供应链调配和物流配送网络，企业可以快速响应客户需求，实现个性化的产品定制和迅速交付，提高客户满意度。

第三，数据共享与协同创新。物流业与制造业融合发展促进了数据的共享和协同创新，通过物流过程中的数据采集与分析，制造业企业可以深入了解产品在供应链中的运输等环节，并基于这些洞察力进行产品设计和生产优化，从而提高产品质量和效率。

第四，智能物流与工业互联网。随着制造业、智能物流和工业互联网的发展，通过物流环节的自动化、物联网技术和大数据分析，企业可以实现物流过程的可追溯性、监控与优化，并基于大数据和人工智能技术改进供应链管理和物流运作。

第五，跨境贸易与全球化布局。"两业"融合发展也促进了跨境贸易和全球化布局，随着国际市场的开放和产业链的全球化，制造业通过物流网络的拓展和升级，实现全球供应链的优化与整合，使企业更好地融入全球价值链，开拓更广阔的市场。

第六，可持续发展与绿色物流。物流业与制造业融合发展还有助于推动可持续发展和绿色物流，通过优化物流网络、能源节约和减少碳排放等措施，企业能够降低对环境的影响，提高资源利用效率，实现可持续发展目标。

总之，"两业"融合发展趋势不断增强，为物流业和制造业带来了更多合作和创新的机遇。通过密切合作、共享信息和协同创新，物流业和制造业可以实现供应链整合、定制化生产、智能物流等增值服务，提升竞争力，共同实现可持续发展的目标。

中国制造业企业提升综合实力和核心竞争力主要从两方面着手：一是加快全球一体化步伐；二是建立高度协同的供应链体系。随着信息化水平不断提高、自动化技术不断进步，产业链各环节之间信息互通更加准确、便捷，点、线、面结合的信息网大大减少了"信息孤岛"现象的发生，延伸产业链、提升价值链正在稳步推进。供应链上下游企业越来越多地倾向于通过风险共担、利益共享共同探索转型升级新路径，这种从全链视角出发，高效协同的新生态大大推进了"两业"融合步伐。

3.3.2 "两业"融合仍存在较大提升空间

3.3.2.1 "两业"融合的提升空间

虽然中国物流业与制造业已经实现了一定程度的融合，但仍表现出以制造业为引领，物流业较为被动的不均衡状态。当前制造业主动融合物流业的程度更高，虽然"两业"融合取得了一定的进展，但仍然存在较大的提升空间，具体包括如下几个方面：

第一，技术整合与数据共享。在多数情况下，物流业和制造业仍然面临技术整合和数据共享方面的挑战，两者之间的信息孤岛、系统不兼容以及数据集成困难等问题依然存在，进一步加强技术整合和数据共享可以实现更紧密、高效的合作。

第二，跨部门合作与沟通。为实现有效的融合，物流业和制造业需要建立跨部门合作和沟通的机制，这种合作应该涵盖供应链管理、生产计划、运输和仓储等各个环节，以确保信息流畅、协同高效。

第三，技术创新与数字化转型。物流业和制造业都处于数字化转型的浪潮中，技术创新扮演了重要角色，"两业"需要进一步加大对人工智能、物联网、区块链等前沿技术的研发和应用，以提高效率，并加强供应链的透明度和可追溯性。

第四，灵活性与可持续性。提高供应链的灵活性是物流业与制造业融合的关键要素之一。此外，加强可持续发展方面的努力也至关重要。

第五，人才培养与技术能力。为了实现更紧密的融合，物流业和制造业需要共同培养拥有跨领域知识与技能的专业人才，培养其在供应、物流技术和数字化创新等方面的能力，将对融合的进一步发展起到积极作用。

3.3.2.2 目前"两业"融合的不足之处

从宏观地域来看，由于中国疆域辽阔，各地区经济实力和产业发展情况存在较大差异，东部地区"两业"融合水平较高，而中西部地区存在"两业"融合程度不够深、产业集群较少、范围不够广等问题。总体来说，"两业"融合依然存在以下不足之处：

第一，产业和法律规范不够配套。许多地区尚缺乏完善的产业和法律规范来支持物流业与制造业的深度融合，需要建立更加统一和协调的框架，以促进两个领域的协同发展和无缝衔接。

第二，信息和数据共享障碍。物流业与制造业融合发展需要大量的信息和数据共享，但现实中仍存在信息孤立和数据壁垒的问题，缺乏开放标准和共享机制，如统一的数据交换平台和安全保护措施等，限制了融合发展的进程。

第三，人才短缺和技能匹配问题。在宏观视角下，物流业与制造业融合发展需要具备跨领域知识与技能的专业人才。然而，目前仍存在人才短缺和技能匹配不足的情况，制约了两个领域的深度协同发展。

第四，基础设施建设和运输效率存在差距。良好的基础设施是物流业与制造业融合发展的基础，然而，某些地区的基础设施建设和运输效率仍存在差距，制约了供应链的顺畅运作和融合发展的速度。

第五，对数据安全和隐私的关注较高。随着数字化转型的加速，物流业与制造业需要处理大量的数据，并确保数据安全和隐私保护，目前对数据安全和隐私的关注仍然较高，这可能在一定程度上影响到数据共享和融合发展的速度和深度。

第六，地域差异和协同机制不足。不同地区之间的产业结构、发展水平和环境存在差异，这给"两业"融合带来了一些挑战，应建立跨地区的协同机制，促进物流业与制造业在各个地区之间的互补与合作。从微观企业来看，物流业与制造业均有提升空间，具体表现在：制造业对物流业企业的服务质量提出了更高要求，物流业企业需进一步提高服务水平；物流园区与企业间协作效率较低，需统筹推进双方紧密衔接与互动协作；供应链韧性需要进一步加强，制造业企业在开放程度上有所欠缺等。从宏观区域来看，尽管物流业与制造业有望实现更紧密的融合，但仍存在产业不配套、信息共享障碍、人才短缺、基础设施建设薄弱、数据安全和隐私等不足。解决这些问题需要推动信息共享和标准化、加强人才培养、改善基础设施建设，以及加强跨地区的协同合作与共治。只有克服这些不足，才能实现物流业与制造业的深度融合，并推动两者取得更大的发展和竞争优势。

综上所述，尽管物流业与制造业的融合已经取得一定的进展，但仍存在提升空间。通过加强技术整合、数据共享、跨部门合作、数字化转型、灵活性与可持续发展，并且注重人才培养提升，物流业与制造业的融合能够实现更深层次的协同与创新，从而提高整体业务效益和市场竞争力。为构建现代化经济体系和促成强大国内市场，物流业对制造业的影响和促进效果仍需进一步凸显，"两业"融合发展需更加均衡高效。

3.4　本章小结

本章主要将物流业和制造业发展现状以图表的方式进行呈现和分析，得出虽然"两业"各方面总体势头良好，但制造业企业处于发展困境和转型升级关键期，"两业"融合发展的确有必要的结论。此外，本章对"两业"融合发展现状进行了整体分析，发现物流业与制造业融合趋势明显，但"两业"融合仍有较大提升空间。

第 4 章

中国物流业与制造业发展评价指标体系构建

本章在前文关于相关理论和现状分析的基础上，通过社会网络分析方法和文本挖掘的方法，将核心期刊的文献与文本资讯结合在一起，从经济效益、社会效益、生态效益、结构优化、技术创新和开放发展六个维度出发，提炼物流业与制造业发展评价指标体系。

4.1　指标体系构建相关原则

物流业和制造业发展评价指标的选取要遵循指标体系构建原则，从发展现状出发，结合理论与实际，保证各个指标涵盖内容相互独立、相互作用，为评价决策奠定基础。

4.1.1　指标体系构建原则

本章基于高质量发展背景，分别构建物流业和制造业发展评价指标体系，主要遵循如下原则。

第一，科学性。本书构建指标体系时，要力求反映物流业和制造业真实的发展情况，从空间和时间两个维度，尽量客观地构建能够经受住比较和检验的指标体系，使在此基础上分析得出的"两业"融合发展情况科学有效。

第二，代表性。本书构建指标体系时，要考虑"两业"发展受多方因素影响，本书应结合高质量发展背景和耦合的复杂性，立足经济新常态，从不同维度综合选择相关指标。

第三，简洁性。在选取评价指标时，应综合考虑各指标要素之间是否存在关联性，要尽量避免因指标选取过于烦琐而影响测算结果的准确性，因此有必要对选取的指标进行简化。

第四，可操作性。由于指标体系的建立是为后续测度"两业"融合水平，因此指标选取还应考虑是否切实可行，是否可量化、可评价、易获得，从而降低数据收集的难度，更好地服务于后续研究。

4.1.2 指标体系设计过程

科学有效的指标体系是对中国物流业和制造业发展进行评价的关键所在，本书主要采用社会网络分析与文本挖掘指标提取相结合的方法构建指标体系，将核心期刊的文献与文本资讯结合在一起，使得理论与实际相辅相成，并经过二次筛选与修正，确保评价指标体系的准确性。指标体系设计过程如图 4-1 所示。

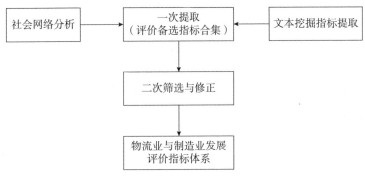

图 4-1　指标体系设计过程

4.2　基于社会网络分析法的指标提取

社会网络分析方法（Social Network Analysis，SNA）是运用图论以及数学模型的方式来研究行动者之间、社会网络之间、行动者与社会网络之间的一种结构分析方法，用来描绘网络整体形态、描述组织之间关系特征、分析研究社会行动者之间的功能，是社会学领域最常用的研究方法之一，社会学家通过该方法刻画一些难以量化的社会关系和解释一些社会问题。1954 年，Barnes 首次提出了"社会网络"（Social Network）的概念，将其定义为"连接社会实体的关系网络"，并说明了社会网络是用来分析行动者间的关系结构特征的方法。20 世纪 70 年代，该方法在社会学、心理学、数学等领域逐步发展起来，将微观网络与宏观的社会系统结合起来。

社会网络分析法将整个社会看作一个网络图，网络图由节点和连线组成，每个节点代表社会网络中的一个行为主体，这些主体可以是一个个体、一个组织，甚至一个国家，每条连线代表各个行为主体之间的关系。

使用社会网络分析法的优势在于：其一，筛选的文献是由众多相关领域的专家学者所著，可以代表该研究领域的精华，具有一定的专业性和权威性；其二，以现有的文献为样本，便于样本的选取和筛选，样本的完整性、科学性和全面性得到保证；其三，运用社会网络分析法在对众多文献样本进行统计推断的同时，可以描绘各个节点之间的关系，更加直观地了解每个行动者的联系，保证了指标提取过程中的准确性。

因此，本书选择运用社会网络分析法提取物流业与制造业的相关指标，通过筛选相关的核心文献，运用 UCINET 软件对样本进行数据编码，进而准确得出物流业与制造业的相关指标。如图 4-2 所示，具体研究思路为：①样本搜集，根据关键词搜索出物流业与制造业相关的文献；②样本筛选，在搜集到的文献中，查找与指标构建相关的文献；③构建矩阵；④指标提取，运用社会网络分析法软件 UCINET 对样本进行编码，计算指标的中心度，通过中心度的排序，结合实际情况提取物流业与制造业的相关指标。

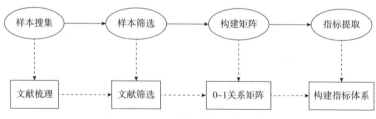

图 4-2　社会网络分析法研究思路

4.2.1　文献的选择

当前，中文文献数据库中有着较大公信力和权威性的是中国知网、维普、万方。在这几个中文文献数据库中，中国知网有资源相对综合广泛、知识资源比较集成整合，以及获取文献相对容易等优点。因此，本书把获取文献的渠道最终确定为中国知网。除此之外，期刊文献也是各个学者在反复推敲验证之后的研究成果的具体呈现，并且很大一部分的学术会议、研究课题等学术内容研究成果的展现均以期刊的形式存在。在此基础上，在 CSSCI 期刊中发表的期刊的权威性和学术性以及公信力都相对更高一点，所以本章研究把搜索文献的来源设定为 CSSCI 期刊及其以上期刊。

本节的研究内容是物流业与制造业评价指标构建，因此将"物流业""制造业"作为文献查找的关键词。在中国知网数据库中，以"物流业制造业融合"为检索字段，采取"篇名"或"关键字"两项内容进行高级检索，统计时间为2014~2023年，共计101篇研究文献。"物流业与制造业发展指标体系"研究文献检索条件及检索结果如表4-1所示。

表 4-1　"物流业与制造业发展评价指标体系"研究文献检索条件及检索结果

检索条件	检索结果
文献语种	中文
检索数据库	中国知网
文献来源（期刊）	CSSCI 期刊及其以上期刊
检索字段	物流业制造业融合
检索项目	篇名或关键词
检索结果（篇）	101

根据检索结果的101篇研究文献进行筛选：①文献是否以物流业与制造业融合为主题？②文献所在的期刊是否属于 CSSCI 及其以上期刊？③研究文献是否提出明确的物流业与制造业发展评价指标？根据以上筛选原则，最终选取了15篇研究文献作为样本。通过对研究文献的阅读统计发现，在研究物流业与制造业发展时，大部分研究学者使用二级评价指标体系。第一级指标主要为物流业与制造业高质量发展中经济、社会等各个维度方面，第二级指标主要为经济、社会等维度的具体定量或定性体系。下一个研究步骤是利用社会网络法进行分析，构建物流业与制造业发展评价指标体系。

4.2.2 指标的社会网络分析

对于社会网络分析法来说，其研究的核心内容就是网络中节点间的关联度，因此本书将文献中具体的评价指标作为社会网络中的节点，将各学者对应的研究评价指标组成社会网络所对应的连接点，最终共同组成物流业与制造业关系网络。"通过数据二值法（0-1 化），对该网络的社会关系量化分析。"根据中心度的数据结果识别出具有代表性的物流业与制造业发展评价指标，从而构成物流业与制造业发展的评价指标体系。目前主要采用

UCINET 6 软件处理社会网络，因为它不仅可以读取 Excel 等文件，还可以读取 VNA、Negopy 文件，它可操作的节点数为 5000~10000 个。它可以将所得到的数据矩阵迅速地绘制成关系网络图，使分析结果可视化。

对筛选出的 15 篇研究文献进行深度分析，提出并统计出二级指标，形成符合社会网络分析软件的 0–1 关系矩阵，运用 UCINET 6 软件进行社会网络分析。分析结果显示，样本文献中提出了 42 项二级指标，根据 42 项二级指标建立 0–1 关系矩阵，利用社会网络分析软件 UCINET 6 计算并绘制网络图，具体如图 4–3、图 4–4 所示，通过 Network–Centrality 进行中心度分析，提取物流业与制造业发展评价的二级指标。二级指标的社会网络基本特性如表 4–2、表 4–3 所示。

图 4–3 中，圆圈的大小表示中心度的大小，将提取到的物流业发展评价二级指标按照从大到小的顺序进行排序，中心度的最大值为 19.000，标准化中心度的最大值为 90.476；中心度的最小值为 1.000，标准化中心度的最小值为 4.762。从表 4–2 可以看出，整个网络的平均中心度指数是 10.364，平均标准化中心度指数是 49.351。其中有 9 个二级指标的中心度处于 11.000 到 19.000，均大于整个网络的平均中心度与标准化中心度，它们分别为：①法人单位数为 11.000；②货运周转量为 12.000；③农村投递线路长度 / 总投递线路为 13.000；④物流业增加值为 15.000；⑤物流业就业人数 / 就业总人数为 15.000；⑥物流业增加值 / 物流业从业人数为 15.000；⑦货物进出口总额 / 地区生产总值为 17.000；⑧物流业全社会固定资产投资为 18.000；⑨快递业务量为 19.000。这些指标中心度都在平均中心度指标之上，表明以上各类指标都是关键性和代表性二级指标，应给予保留。但是"法人单位数"和"货运周转量"这两个指标虽然处于平均中心度之上，但与本书主题关联度并不高，故将这两个指标舍去。物流业平均工资水平（8.000）、物流业能源消耗总量 / 物流业增加值（9.000）、物流业增加值 / 第三产业增加值（6.000）、物流专利申请量（9.000）4 个指标的中心度均未达到整个网络的平均中心度，但考虑到仅存在微小的差距，且以上 4 个指标均属于物流业发展中社会、生态、结构以及技术效益中重要的影响因素，如果仅根据中心度指标的细微差距将其舍去，则会影响上述一级风险指标的测量，故接受以上指标。对于社会消费品零售总额（10.000）、物流业增加值增长率（8.000）、物流业投资增长率（8.000）、电话普及率（7.000）、公路营运载货汽车总吨位（7.000）、物流仓储用地面积（7.000）、

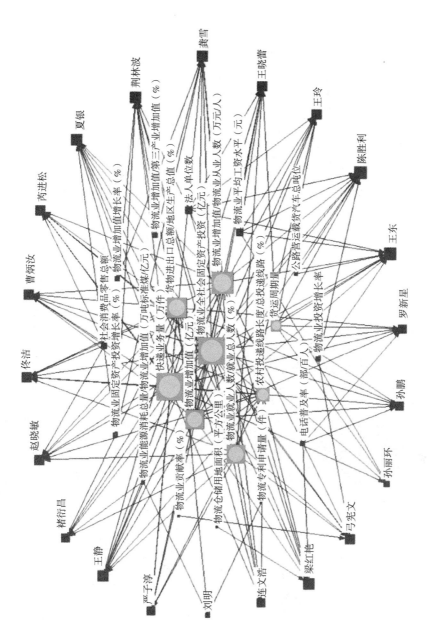

图 4-3　物流业发展评价二级指标社会网络分析示意图

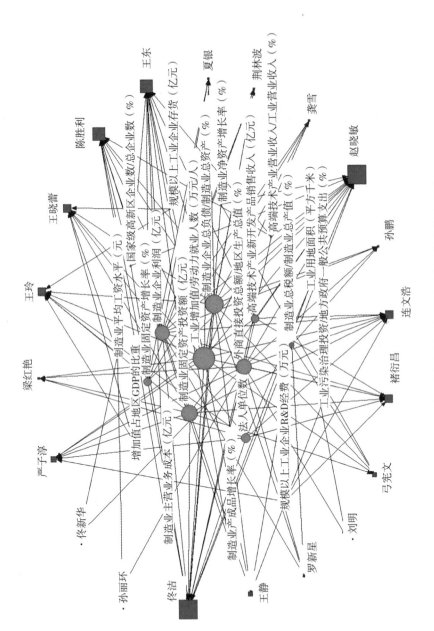

图 4-4 制造业发展评价二级指标社会网络分析示意图

物流业固定资产投资增长率（7.000）、物流业业务增长率（6.000）、物流业贡献率（1.000）均小于网络的平均中心度，且差距较大，需将其舍去。因此，以上 11 个二级指标可以作为反映一级指标具体的评价指标。

表 4-2　物流业发展评价二级指标的基本特性

二级指标	中心度	标准化中心度	占比
快递业务量（万件）	19.000	90.476	0.083
物流业全社会固定资产投资（亿元）	18.000	85.714	0.079
货物进出口总额 / 地区生产总值（%）	17.000	80.952	0.075
物流业增加值 / 物流业从业人数（万元 / 人）	15.000	71.429	0.066
物流业就业人数 / 就业总人数（%）	15.000	71.429	0.066
物流业增加值（亿元）	15.000	71.429	0.066
农村投递线路长度 / 总投递线路（%）	13.000	61.905	0.057
货运周转量（吨千米）	12.000	57.143	0.053
法人单位数（个）	11.000	52.381	0.048
社会消费品零售总额（亿元）	10.000	47.619	0.044
物流业能源消耗总量 / 物流业增加值（万吨标准煤 / 亿元）	9.000	42.857	0.039
物流专利申请量（件）	9.000	42.857	0.039
物流业平均工资水平（元）	8.000	38.095	0.035
物流业增加值增长率（%）	8.000	38.095	0.035
物流业投资增长率（%）	8.000	38.095	0.035
电话普及率（部 / 百人）	7.000	33.333	0.031
公路营运载货汽车总吨位（吨）	7.000	33.333	0.031
物流仓储用地面积（平方千米）	7.000	33.333	0.031
物流业固定资产投资增长率（%）	7.000	33.333	0.031
物流业增加值 / 第三产业增加值（%）	6.000	28.571	0.026
物流业业务增长率（%）	6.000	28.571	0.026
物流业贡献率（%）	1.000	4.762	0.004

表 4-3　制造业发展评价二级指标的基本特征

二级指标	中心度	标准化中心度	占比
制造业企业利润（亿元）	15.000	78.947	0.078
工业增加值 / 劳动力就业人数（万元 / 人）	14.000	73.684	0.073
规模以上工业企业存货（亿元）	14.000	73.684	0.073
制造业产成品增长率（%）	13.000	68.421	0.068
制造业固定资产投资额（亿元）	13.000	68.421	0.068
外商直接投资总额 / 地区生产总值（%）	13.000	68.421	0.068
制造业企业总负债 / 制造业总资产（%）	12.000	63.158	0.063
高端技术产业新开发产品销售收入（亿元）	10.000	52.632	0.052
制造业固定资产增长率（%）	9.000	47.368	0.047
高端技术产业营业收入 / 工业营业收入（%）	9.000	47.368	0.047
制造业总税额 / 制造业总产值（%）	9.000	47.368	0.047
工业污染治理投资 / 地方政府一般公共预算支出（%）	9.000	47.368	0.047
法人单位数（个）	9.000	47.368	0.047
制造业平均工资水平（元）	8.000	42.105	0.042
国家级高新区企业数 / 总企业数（%）	7.000	36.842	0.036
制造业净资产增长率（%）	7.000	36.842	0.036
制造业主营业务成本（亿元）	7.000	36.842	0.036
工业用地面积（平方千米）	6.000	31.579	0.031
规模以上工业企业 R&D 经费（万元）	4.000	21.053	0.021
增加值占地区 GDP 的比重	4.000	21.053	0.021

　　如表 4-3 所示，将提取到的制造业发展评价二级指标按照中心度从大到小的顺序进行排序，其中，中心度的最大值为 15.000、最小值为 4.000，标准化中心度的最大值为 78.947、最小值为 21.053，整个网络的平均中心度指数是 9.600，平均标准化中心度指数是 50.526。其中有 8 个二级指标的中心度处于 10.000 到 15.000，它们分别为①制造业企业利润为 15.000；②工业增加值 / 劳动力就业人数为 14.000；③规模以上工业企业存货为 14.000；④制造业产成品增长率为 13.000；⑤制造业固定资产投资额为

13.000；⑥外商直接投资总额 / 地区生产总值为 13.000；⑦制造业企业总负债 / 制造业总资产为 12.000；⑧高端技术产业新开发产品销售收入为 10.000。这些指标的中心度均大于整个网络的平均中心度与标准化中心度，表明以上指标都是关键性和代表性二级指标，应给予保留。但是本书研究主题为物流业与制造业融合发展的机理及路径研究，规模以上工业企业存货、制造业产成品增长率、制造业固定资产投资额这 3 个指标与本书研究内容的关联度不高，不具说服力，因此，将这 3 个指标舍去。制造业平均工资水平（8.000）、制造业总税额 / 制造业总产值（9.000）、工业污染治理投资 / 地方政府一般公共预算支出（9.000）、高端技术产业营业收入 / 工业营业收入（9.000）、国家级高新区企业数 / 总企业数（7.000）、规模以上工业企业 R&D 经费（4.000）6 个指标都未达到整个网络的平均中心度，且以上 6 个指标均属于制造业发展中社会效益、生态效益、结构效益中重要的影响因素，如果仅仅因为与平均值之间微小的差距将其舍去，将会影响这几个一级指标的测量，故接受这些指标。制造业固定资产增长率（9.000）、法人单位数（9.000）、制造业净资产增长率（7.000）、制造业主营业务成本（7.000）、工业用地面积（6.000）、增加值占地区 GDP 的比重（4.000）均小于网络的平均中心度指标，且大部分指标差距较大，与本书研究内容的关联度不大，故将其舍去。因此，以上 11 个二级指标可以作为反映一级指标具体的评价指标。

4.3　基于文本挖掘的指标提取

文本挖掘是从数据挖掘发展而来的，是利用文本有价值知识组织信息的过程，由文本搜集、文本分析和特征修剪三部分组成。其最大优势是原始资料来自现实文本，不会脱离实际，用此方法提炼的评价指标具有物流业与制造业融合针对性，从而优化社会网络分析法的不足。

通过文献研究发现，常用的物流业与制造业融合指标识别方法主要包括文献调查、统计等，大多数研究受项目有限经验的束缚，可能会造成耗时长、识别不完善且过分劳动的结果，而文本挖掘法打破了传统方法的局限，能够体现大数据快速、高效、全面的特点。因此，采用文本挖掘法，初步筛选物流业与制造业融合针对性指标的关键词，为确定评价指标体系奠定理论基础。文本挖掘指标提取过程如图4-5所示。

图4-5　文本挖掘指标提取过程

第一步，文本搜集。通过百度搜集与物流业与制造业融合主题相关的政策性文本与新闻资讯文本，其中政策性文本3份、资讯类文本70篇。

第二步，文本预处理。文本预处理主要是对文本中的信息进行筛选。本节对3份政策性文本、70篇资讯类文本进行相关研究内容文字提取，建立源文件。

第三步，分词处理。在确定中心词前，要先确定每个文本中的所有词，借助ROST CM6.0工具，对源文件进行分词处理，由于文本中起关键作用的是一些词，甚至主要词就能决定文本取向或走向，因此，在特征修剪之前，需要对分词结果进行处理。源文件共提取500个关键词，去掉形容词、语气词、标点符号等，剩余294个关键词。

第四步，特征提取。分词处理后，基本能够得到与物流业与制造业融合指标强相关且有意义的一些词，但这些词部分具有相近意义，且词频较高。因此，通过同义词合并与再次筛选后，提取26个标签词，代表123个关键词，具体结果如表4-4所示。

表4-4　分词与词频

标签词	同义词	词频
供应能力	发展、能力、推动、大宗、货物、原材料	830
融合平台建设	平台、模式、建设、园区、管理、体系、枢纽、区域、部门、基地、集群、集聚、协调、全方位、机构、网络化	752
衔接能力	协同、深度、提高、一体化、衔接、对接、整合、结合、业态、共建	483
服务能力	服务、业务、效率、实时	398
供应商选择	供应、供应商、产业链、上下游	347
核心技术	技术、关键技术、创新	291
运输能力	运输、快递、交通、配送、货运、运力、冷链、铁路、货运量	240

标签词	同义词	词频
政府规范	国家、政策、规划、战略、投入	222
数字化技术	互联网、智能化、数字化、研发、升级	217
内部环境	库存、仓储、结构性、环节、资源	212
经济效益	成本、效益、销售、增效、精益	196
外部环境	趋势、保障、国民经济、公共、改革、路径、统筹、机制	154
韧性	柔性、基础、疫情、应急	114
竞争压力	竞争、市场、产品	100
劳动力水平	人才、技能、负责人、骨干、收入	98
机械工具	效率、自动化、现代化、车辆	95
信息渠道	信息化、共享、准时	90
合作关系	合作、伙伴	82
成品质量	质量、物料	78
运维回收	运营、交付、逆向	68
国际贸易	双循环、口岸、全球	58
绿色生产	环境、生态、能源	53
市场需求	消费、订单、消费者	47
第三方	第三方、外包	27
生产附加值	加工、附加值	25
安全问题	安全、风险	22

　　第五步，文本分析。通过特征修剪与同义词合并后，得到了物流业与制造业融合识别指标源文件分词结果，如表 4-4 所示；将挖掘出的信息可视化处理后，得到了物流业与制造业融合指标词云，如图 4-6 所示。

　　依据上文研究结果，遵循指标体系构建原则，结合产业关联与产业融合理论、协同学理论、社会分工理论、交易成本理论、高质量发展内涵等相关理论，运用社会网络分析及文本挖掘指标提取相结合的方法，最终确立了物流业与制造业发展评价指标体系。可知，物流业与制造业发展评价指标体系由系统层、维度层、指标层三个层次组成，其中维度层由经济效益、社会效益、生态效益、结构优化、技术创新、开放发展六个方面组成。

图 4-6　物流业与制造业融合指标词云

4.4　指标体系构建说明

本书根据指标体系构建原则，参考相关文献，并结合高质量发展要求，从经济效益、社会效益、生态效益、结构优化、技术创新和开放发展六个维度建立物流业与制造业发展评价指标体系，测度"两业"发展水平，进而测算其耦合度、耦合协调度。

本书以 2014~2020 年中国 30 个省、自治区、直辖市（不含香港、澳门、台湾和西藏）为研究对象。所用到的样本数据来源于该研究期间全国及各省份相关行业统计年鉴。鉴于物流业统计口径的缺乏，本书用交通运输、仓储和邮政业数据来代替。由于制造业产值对工业的贡献率超过85%，因此本书中缺失的制造业数据用工业行业来代替。

4.4.1 中国物流业发展评价指标体系构建

基于前文理论及现状分析，根据指标构建原则构建中国物流业发展评价指标体系如表4-5所示。

表4-5　中国物流业发展评价指标体系

系统层	维度层	指标层	具体指标	单位	指标属性
物流业发展指标	经济效益	资本投入	物流业全社会固定资产投资	亿元	正
		产业规模	物流业增加值	亿元	正
		劳动生产率	物流业增加值/物流业从业人数	万元/人	正
	社会效益	快递服务	快递业务量	万件	正
		就业贡献	物流业就业人数/就业总人数	%	正
		收入分配	物流业平均工资水平	元	正
	生态效益	能源消耗	物流业能源消耗总量/物流业增加值	万吨标准煤/亿元	负
	结构优化	城乡结构	农村投递线路长度/总投递线路	%	正
		产业结构	物流业增加值/第三产业增加值	%	正
	技术创新	发明专利	物流专利申请量	件	正
	开放发展	贸易依存度	货物进出口总额/地区生产总值	%	正

4.4.1.1 经济效益

中国物流业高质量发展面临质效提升的现实要求，在保证规模继续发展的同时强调整体效率的提升。

其一，资本投入。产业发展离不开资本的支持，本书用物流业全社会固定资产投资来反映物流业资本投入情况。单位：亿元。

其二，产业规模。物流业增加值是物流产业持续发展的主要标志，本书用物流业增加值体现规模扩张。单位：亿元。

其三，劳动生产率。本书用劳动生产率反映产出与劳动力投入的关系，以体现物流业效率情况。单位：万元／人。

4.4.1.2 社会效益

物流业高质量发展的根本出发点是提高人民的生活质量，创造美好生活。

其一，快递服务。快递服务是物流业与人民生活联系最紧密、最直观的体现，在实现社会共享、扩大内需的同时带动就业、普惠民生。快递业务量直接体现了物流给社会公众带来的影响，也反映了物流的社会需求情况。单位：万件。

其二，就业贡献。以物流业就业人数占就业总人数的比重衡量物流业的就业贡献情况。单位：％。

其三，收入分配。物流业平均工资水平能够反映物流业从业人员的收入情况。单位：元。

4.4.1.3 生态效益

环境约束是物流业可持续发展的必然要求，在保持产业规模扩张的同时要减少资源的消耗。本书用物流业能源消耗总量／物流业增加值来反映物流业能源消耗情况。单位：万吨标准煤／亿元。

4.4.1.4 结构优化

结构优化升级是推动物流业转型升级和高质量发展的重要举措，既要注重产业结构升级也要兼顾城乡协调发展。

其一，城乡结构。以农村投递线路长度／总投递线路来反映农村地区物流覆盖情况。单位：％。

其二，产业结构。以物流业增加值／第三产业增加值来反映物流业在第三产业中的占比。单位：％。

4.4.1.5 技术创新

技术创新能够为物流业高质量发展提供驱动力。只有加强创新投入，注重科技研发，才能掌握核心技术，摆脱"受制于人"的发展困境。本书用物流业专利申请量衡量物流业的创新水平。单位：件。

4.4.1.6 开放发展

物流业的高质量发展离不开面向世界的开放创新体系建设，坚持更宽领域的国际开放合作。中欧班列助力"一带一路"倡议的推进，"一带一路"沿线地区和国家经济发展畅通物流大通道，加速世界物流大融合。本书以货物进出口总额／地区生产总值来反映贸易依存度。单位：％。

4.4.2 中国制造业发展评价指标体系

基于前文的理论及现状分析，根据指标构建原则构建中国制造业发展评价指标体系，如表 4-6 所示。

表 4-6 中国制造业发展评价指标体系

系统层	维度层	指标层	具体指标	单位	指标属性
制造业发展指标	经济效益	增长贡献	制造业企业利润总额	亿元	正
		劳动生产率	工业增加值 / 劳动力就业人数	万元 / 人	正
		资产负债率	制造业企业总负债 / 制造业总资产	%	正
	社会效益	收入分配	制造业平均工资水平	元	正
		税收贡献	制造业总税额 / 制造业总产值	%	正
	生态效益	环境治理	工业污染治理投资 / 地方政府一般公共预算支出	%	正
	结构优化	高端化	高端技术产业营业收入 / 工业营业收入	%	正
		集群化	国家级高新区企业数 / 总企业数	%	正
	技术创新	研发投入	规模以上工业企业 R&D 经费	万元	正
		创新产出	高端技术产业新开发产品销售收入	亿元	正
	开放发展	外商投资	外商直接投资总额 / 地区生产总值	%	正

4.4.2.1 经济效益

新经济常态下，制造业发展要求在保持经济稳定增长的同时更加注重高效率、高质量。制造业的经济效益指标应既体现"量"的显性指标，又体现"质"的内在要求。

其一，增长贡献。利润总额是一个产业经济效益的直观体现，本书用制造业企业利润总额衡量制造业带来的增长贡献。单位：亿元。

其二，劳动生产率。为体现制造业效率情况，本书用工业增加值 / 劳动力就业人数来衡量劳动力投入与产出的关系。单位：万元 / 人。

其三，资产负债率。本书用制造业企业总负债 / 制造业总资产来反映制造业企业经营状况和风险控制能力。单位：%。

4.4.2.2 社会效益

制造业的高质量发展除了要求经济增长，也应创造良性循环的社会效益。薪资是对从业人员的基本保障，税收是对社会贡献程度的体现。

其一，收入分配。用制造业平均工资水平反映从业人员的收入情况。单位：元。

其二，税收贡献。用制造业总税额占制造业总产值的比重来衡量制造业的赋税比例。单位：%。

4.4.2.3 生态效益

面对资源与环境压力，制造业高质量发展应贯彻绿色发展理念，改变传统制造业高污染、高耗能的粗放模式，重视污染治理。本书用工业污染治理投资占地方政府一般公共预算支出的比重衡量环境治理问题的受重视程度。单位：%。

4.4.2.4 结构优化

制造业高质量发展不仅要实现"量"的增长，还强调实现"质"的提升。制造业的结构优化主要包括壮大高端技术含量、高附加值产业的高端化和相互联系的竞争性企业呈现区域集聚特点的集群化。

其一，高端化。用高端技术产业营业收入／工业营业收入来衡量制造业高端化水平。单位：%。

其二，集群化。用国家级高新区企业数／总企业数来衡量制造业集群化水平。单位：%。

4.4.2.5 技术创新

技术创新是制造业转型升级和发展的不竭动力。智能制造目标的实现更需要制造业提高自主创新能力，加快智能化建设进程。本书认为制造业技术创新能力主要体现在研发投入和创新产出两方面。

其一，研发投入。用规模以上工业企业 R&D 经费来衡量制造业创新研发的投入力度。单位：万元。

其二，创新产出。用高端技术产业新开发产品销售收入来体现制造业创新的产出成果。单位：亿元。

4.4.2.6 开放发展

制造业高质量发展要立足于双循环的战略环境，积极参与国际竞争，坚持扩大开放与合作。本书用外商直接投资总额与地区生产总值之比来反映制造业开放发展水平。单位：%。

4.5　本章小结

本章将核心期刊的文献与文本资讯结合在一起，经过二次筛选与修正提炼出物流业和制造业相关指标，并结合高质量发展背景，从经济效益、社会效益、生态效益、结构优化、技术创新和开放发展六个维度进行整合，确定了物流业与制造业发展评价指标各 11 个。

第 5 章

中国物流业与制造业
融合发展水平测度分析

本章在构建物流业和制造业发展评价指标体系的基础上，确定指标权重，测算物流业与制造业综合评价指数，并构建耦合协调模型测度物流业与制造业融合发展水平。

5.1 中国物流业与制造业综合发展水平分析

5.1.1 数据处理及综合评价指数

本章对 2014~2020 年中国 30 个省、自治区、直辖市（不含香港、澳门、台湾和西藏）相关数据进行搜集和计算。通过熵值法确定指标权重，并测算物流业与制造业综合评价指数。

5.1.1.1 确定指标

选取 m 个地区、n 个指标、T 个年份，构建初始评价矩阵：

$$\boldsymbol{X} = \left\{ x_{ij}^{t} \right\}_{mT \times n} \tag{5-1}$$

式中，x_{ij}^{t} 为第 t 年第 i 个省份的第 j 项指标值。

5.1.1.2 标准化处理

由于量纲差异和正负取向会对指标产生影响，本章通过极差标准化方法处理数据，并进行数据平移来消除 0 值的影响。

正向指标：

$$y_{ij}^{t} = \frac{x_{ij}^{t} - x_{j\min}}{x_{j\max} - x_{j\min}} + 0.0001 \tag{5-2}$$

负向指标：

$$y_{ij}^{t} = \frac{x_{j\max} - x_{ij}^{t}}{x_{j\max} - x_{j\min}} + 0.0001 \tag{5-3}$$

5.1.1.3 计算指标值的比重 p_{ij}^{t}

$$p_{ij}^{t} = \frac{y_{ij}^{t}}{\sum\limits_{t=1}^{T} \sum\limits_{i=1}^{m} y_{ij}^{t}} \tag{5-4}$$

式中，p_{ij}^t 为第 t 年第 i 个指标值的第 j 项指标所占的比重。

5.1.1.4 计算熵值 e_j

$$e_j = -k\sum_{t=1}^{T}\sum_{i=1}^{m} p_{ij}^t \ln p_{ij}^t \left(k = \frac{1}{\ln mT} \right) \tag{5-5}$$

式中，e_j 为第 j 项指标的熵值，$0 \le e_j \le 1$。

5.1.1.5 确定指标权重 w_j

$$w_j = \frac{1 - e_j}{\sum_{j=1}^{n}(1 - e_j)} \tag{5-6}$$

式中，w_j 为第 j 项指标权重，$0 \le w_j \le 1$，$\sum_{j=1}^{n} w_j = 1$；$1 - e_j$ 常记为 g_j，为差异性系数，g_j 值越大，则指标越重要。

5.1.1.6 测算综合评价指数

$$S_j = \sum_{j=1}^{n} w_j y_{ij}^t \tag{5-7}$$

5.1.2 中国物流业综合发展水平分析

本章通过式（5-5）、式（5-6）指标的计算，得出了物流业发展评价指标的熵值（e）、差异性系数（g）和权重（w），如表 5-1 所示；运用式（5-7）对物流业综合发展水平进行测算，如表 5-2 所示。

表 5-1　物流业发展评价指标熵值、差异性系数、权重

系统层	维度层	指标层	具体指标	e	g	w
物流业发展评价指标	经济效益	资本投入	物流业全社会固定资产投资	0.9559	0.0441	0.0673
		产业规模	物流业增加值	0.9506	0.0494	0.0753
		劳动生产率	物流业增加值 / 物流业从业人数	0.9623	0.0377	0.0575
	社会效益	快递服务	快递业务量	0.8080	0.1920	0.2930
		就业贡献	物流业就业人数 / 就业总人数	0.9555	0.0445	0.0680
		收入分配	物流业平均工资水平	0.9698	0.0302	0.0461
	生态效益	能源消耗	物流业能源消耗总量 / 物流业增加值	0.9959	0.0041	0.0062
	结构优化	城乡结构	农村投递线路长度 / 总投递线路	0.9789	0.0211	0.0321
		产业结构	物流业增加值 / 第三产业增加值	0.9808	0.0192	0.0293
	技术创新	发明专利	物流专利申请量	0.8708	0.1292	0.1972
	开放发展	贸易依存度	货物进出口总额 / 地区生产总值	0.9162	0.0838	0.1278

表 5-2 物流业发展水平综合评价指数

省份	2014 年	2015 年	2016 年	2017 年	2018 年	2019 年	2020 年	平均指数
北京	0.2853	0.2322	0.2209	0.2342	0.2328	0.2281	0.2001	0.2334
天津	0.1668	0.1693	0.1624	0.1829	0.1523	0.1722	0.1762	0.1689
河北	0.2349	0.2210	0.2202	0.2305	0.2742	0.2522	0.2642	0.2425
山西	0.1247	0.1242	0.1245	0.1294	0.1337	0.1344	0.1376	0.1298
内蒙古	0.1446	0.1228	0.1449	0.1260	0.1441	0.1548	0.1461	0.1405
辽宁	0.1711	0.1670	0.1432	0.1710	0.1834	0.2054	0.1550	0.1709
吉林	0.1042	0.0981	0.1051	0.1037	0.1046	0.1073	0.1650	0.1126
黑龙江	0.1072	0.1027	0.1096	0.1186	0.0978	0.1118	0.1115	0.1085
上海	0.2630	0.2538	0.2481	0.2617	0.3007	0.2676	0.2673	0.2660
江苏	0.3593	0.3281	0.3428	0.3559	0.3337	0.3921	0.4109	0.3604
浙江	0.3807	0.2880	0.3066	0.3152	0.3041	0.3088	0.3468	0.3215
安徽	0.1486	0.2363	0.1521	0.1422	0.2007	0.2113	0.2147	0.1866
福建	0.2211	0.2222	0.2241	0.2309	0.1874	0.1931	0.2324	0.2159
江西	0.1387	0.1406	0.1301	0.1294	0.1444	0.1413	0.1489	0.1391
山东	0.2941	0.2962	0.3619	0.3051	0.3039	0.3103	0.3357	0.3153
河南	0.2006	0.2008	0.1974	0.3298	0.2225	0.2179	0.2477	0.2310
湖北	0.1748	0.1638	0.1692	0.1803	0.1972	0.2088	0.1853	0.1828
湖南	0.1521	0.1817	0.1720	0.1947	0.1684	0.1669	0.1797	0.1736
广东	0.4973	0.4452	0.4541	0.4703	0.5114	0.3853	0.3466	0.4443
广西	0.1225	0.1527	0.1502	0.1630	0.1441	0.3130	0.1658	0.1730
海南	0.0813	0.0817	0.0922	0.0844	0.0818	0.0892	0.0744	0.0836
重庆	0.1451	0.1327	0.1398	0.1791	0.1522	0.1789	0.1704	0.1569
四川	0.1832	0.1865	0.1974	0.2170	0.2356	0.2796	0.4005	0.2428
贵州	0.1630	0.1852	0.1634	0.2030	0.1534	0.1500	0.1469	0.1664
云南	0.3044	0.0906	0.0938	0.1213	0.1840	0.1716	0.2009	0.1666
陕西	0.1334	0.1187	0.1282	0.1359	0.1464	0.1804	0.1735	0.1452
甘肃	0.1225	0.0792	0.0755	0.0856	0.0935	0.0979	0.1389	0.0990
青海	0.1292	0.2885	0.0815	0.1019	0.0803	0.1191	0.1041	0.1292

省份	2014 年	2015 年	2016 年	2017 年	2018 年	2019 年	2020 年	平均指数
宁夏	0.1164	0.1079	0.3693	0.0859	0.0666	0.0811	0.0986	0.1322
新疆	0.0998	0.1070	0.1141	0.1296	0.1237	0.1415	0.1109	0.1181
平均值	0.1923	0.1842	0.1865	0.1906	0.1886	0.1991	0.2019	—

由表 5-1 可知，物流业的 11 项评价指标权重由大到小依次为快递服务、发明专利、贸易依存度、产业规模、就业贡献、资本投入、劳动生产率、收入分配、城乡结构、产业结构、能源消耗。可以看出，在高质量发展背景下，物流业与能给社会公众带来便捷的快递服务的关联度最大。这既是物流业的社会效益，也是拉动物流内需所在。其次是技术创新和开放发展维度，体现出新发展格局对物流业的提质增效和国际化提出了更高要求，也是为物流业不断注入新鲜血液和提供根本动力的关键。

5.1.2.1 物流业发展水平时间变化特征

2014~2020 年中国物流业发展水平整体呈现上升趋势，但成效不显著。综合评价指数由 0.1923 上升到 0.2019，仅增长了 4.99%，2019 年是涨幅最大的一年，同比增长了 5.57%。根据计算，涨幅最大的是四川省，综合评价指数从 0.1832 上升到 0.4005，涨幅高达 118.61%。这与近年来四川省大力推行降本增效、出台多项物流便利政策有较大关系。

5.1.2.2 物流业发展水平空间变化特征

各省份中广东、江苏物流业发展水平始终处于领先地位。2014~2018 年广东综合评价指数均为最高，一直保持着全国最高的物流业发展水平，其他省份与其差距较大。2018 年广东省的综合评价指数为 0.5114，是整个研究期间内最高水平。2019 年、2020 年江苏分别以 0.3921、0.4109 的发展指数跃居全国第一，平均指数位列全国第二。浙江、山东、上海等地物流业发展水平较高，相互间差别不大。海南、甘肃、黑龙江、吉林、新疆、青海等地物流业水平较低。其他各省份较为平均，处于中等水平。

5.1.3 中国制造业综合发展水平分析

本章通过式（5-5）、式（5-6）的计算，得出了制造业发展评价指标的熵值（e）、差异性系数（g）和权重（w），如表5-3所示；运用式（5-7）对制造业综合发展水平进行测算，如表5-4所示。

表5-3 制造业发展评价指标熵值、差异性系数、权重

系统层	维度层	指标层	具体指标	e	g	w
制造业发展评价指标	经济效益	增长贡献	制造业企业利润总额	0.9463	0.0537	0.0641
		劳动生产率	工业增加值/劳动力就业人数	0.9501	0.0499	0.0596
		资产负债率	制造业企业总负债/制造业总资产	0.9759	0.0241	0.0287
	社会效益	收入分配	制造业平均工资水平	0.9646	0.0354	0.0423
		税收贡献	制造业总税额/制造业总产值	0.9446	0.0554	0.0661
	生态效益	环境治理	工业污染治理投资/地方政府一般公共预算支出	0.9750	0.0250	0.0299
	结构优化	高端化	高端技术产业营业收入/工业营业收入	0.9236	0.0764	0.0912
		集群化	国家级高新区企业数/总企业数	0.8521	0.1479	0.1766
	技术创新	研发投入	规模以上工业企业R&D经费	0.8849	0.1151	0.1374
		创新产出	高端技术产业新开发产品销售收入	0.8019	0.1981	0.2365
	开放发展	外商投资	外商直接投资总额/地区生产总值	0.9433	0.0567	0.0676

表5-4 制造业发展水平综合评价指数

省份	2014年	2015年	2016年	2017年	2018年	2019年	2020年	平均指数
北京	0.3199	0.3391	0.3737	0.4105	0.4064	0.4245	0.4233	0.3853
天津	0.2535	0.2647	0.2237	0.2300	0.1970	0.2160	0.2178	0.2290
河北	0.0858	0.0942	0.0997	0.1181	0.1272	0.1367	0.1453	0.1153
山西	0.0758	0.0705	0.0698	0.0809	0.0934	0.1052	0.1081	0.0862
内蒙古	0.1173	0.1244	0.1264	0.1118	0.1208	0.1114	0.1170	0.1184
辽宁	0.1476	0.1066	0.0997	0.1146	0.1222	0.1225	0.1265	0.1200
吉林	0.1222	0.1145	0.1179	0.1206	0.1201	0.1208	0.1361	0.1217
黑龙江	0.0822	0.0869	0.0841	0.0911	0.0848	0.0918	0.0955	0.0881
上海	0.2209	0.2318	0.2503	0.2594	0.2729	0.2962	0.3129	0.2635
江苏	0.3082	0.3322	0.3637	0.3705	0.3855	0.3935	0.4458	0.3713
浙江	0.1589	0.1823	0.1995	0.2126	0.2317	0.2498	0.2774	0.2160

省份	2014 年	2015 年	2016 年	2017 年	2018 年	2019 年	2020 年	平均指数
安徽	0.1034	0.1189	0.1301	0.1482	0.1674	0.1771	0.1982	0.1490
福建	0.1070	0.1156	0.1336	0.1409	0.1547	0.1754	0.1919	0.1456
江西	0.0796	0.0888	0.1020	0.1133	0.1325	0.1563	0.1833	0.1223
山东	0.1889	0.2121	0.2280	0.2344	0.2154	0.1903	0.2147	0.2120
河南	0.1282	0.1437	0.1490	0.1641	0.1980	0.1682	0.1911	0.1632
湖北	0.1217	0.1327	0.1394	0.1495	0.1797	0.1917	0.1824	0.1567
湖南	0.1132	0.1278	0.1380	0.1456	0.1533	0.1668	0.1799	0.1464
广东	0.3483	0.3847	0.4397	0.4982	0.5514	0.5830	0.6132	0.4884
广西	0.0672	0.0746	0.0755	0.0725	0.0786	0.0809	0.0793	0.0755
海南	0.0881	0.0985	0.0926	0.0998	0.0913	0.0988	0.1194	0.0984
重庆	0.1036	0.1420	0.1322	0.1641	0.1487	0.1559	0.1759	0.1461
四川	0.1070	0.1082	0.1079	0.1240	0.1291	0.1429	0.1429	0.1231
贵州	0.0591	0.0600	0.0703	0.0774	0.0877	0.0859	0.0834	0.0748
云南	0.0707	0.0780	0.0671	0.0774	0.0828	0.0866	0.0869	0.0785
陕西	0.1391	0.1449	0.1474	0.1539	0.1677	0.1794	0.1544	0.1553
甘肃	0.0628	0.0701	0.0737	0.0783	0.0843	0.0792	0.0796	0.0754
青海	0.0705	0.0757	0.0771	0.0664	0.0734	0.0847	0.0879	0.0765
宁夏	0.0689	0.0839	0.0872	0.0931	0.1081	0.0963	0.1025	0.0914
新疆	0.0746	0.0771	0.0803	0.0810	0.1045	0.0890	0.0846	0.0844
平均值	0.1331	0.1428	0.1493	0.1601	0.1690	0.1752	0.1852	—

由表 5-3 可知，制造业的 11 项评价指标权重由大到小依次为创新产出、集群化、研发投入、高端化、外商投资、税收贡献、增长贡献、劳动生产率、收入分配、环境治理、资产负债率。可以看出，技术创新和结构优化的 4 个指标与制造业发展关联度最高。其中，研发投入、创新产出合计占比超过 39%，可见制造业高质量发展离不开科技创新这一重要推动力。此外，高端化和集群化的较高占比体现出制造业转型升级、产业高附加值化的重要性。

5.1.3.1 制造业发展水平时间变化特征

2014~2020 年中国制造业发展水平不断上升，综合评价指数由 0.1331 增长到 0.1852，涨幅达 39.14%，年均涨幅 5.66%。90% 的省份都保持了较好的增长水平。其中，江西表现较为突出，涨幅达 130.28%，这是由于近年来江西省不断构建以数字经济为引领、现代制造业为主体的产业体系。但个别地区存在发展水平下降趋势。内蒙古和辽宁由于经济转型导致综合评价指数下降，天津由于去工业化，积极推行产业结构升级导致综合评价指数下降。

5.1.3.2 制造业发展水平空间变化特征

各省份中广东制造业发展水平具有明显优势，远高于其他地区，研究期内一直保持着较好的增长势头，综合评价指数从 2014 年的 0.3483 增长到 2020 年的 0.6132，涨幅为 76.06%。北京以平均综合指数 0.3853 位居第二，江苏以平均综合指数 0.3713 位居第三，明显高于其他地区。贵州、甘肃、广西、青海、云南等处于较低水平，综合评价指数均在 0.08 以下。

物流业与制造业发展空间布局具有明显的联动性。广东、江苏、浙江等东部沿海地区发展较好，物流业与制造业均处于头部地位，且优势明显。而中西部地区物流业与制造业发展水平普遍较低。这是因为东部地区发展起步早，经济水平较高，是新经济形态的始发地，并且科研院所集中，对外交流频繁，逐渐成为创新高地，引领行业发展。反观中西部地区更多依赖政府投入和支持，产业转型升级仍面临严峻挑战，人才流失和人口老龄化问题严重，进而导致创新步伐变慢。可见，中国物流业和制造业发展均存在区域差异，仍有较大提升空间。

5.2 中国物流业与制造业融合水平测度分析

5.2.1 耦合协调模型

物流业与制造业联系紧密，相互影响，构成了一个耦合系统，用耦合度来衡量两个子系统之间的相互作用程度。参照其他学者的研究，用式

（5-8）进行计算：

$$C = \sqrt{\frac{U_1 U_2}{\left(\dfrac{U_1 + U_2}{2}\right)^2}} = \frac{2\sqrt{U_1 U_2}}{U_1 + U_2} \qquad （5\text{-}8）$$

式中，C 为耦合度；U_1 为物流业系统综合评价指数；U_2 为制造业系统综合评价指数。

虽然耦合度能够反映两个子系统之间的交互作用，但不能解释两者的发展水平及良性互动情况。因此，本节引用耦合协调度来进一步探究两个系统的相互促进效果。计算公式为

$$D = \sqrt{CT} \qquad （5\text{-}9）$$

$$T = \alpha U_1 + \beta U_2 \qquad （5\text{-}10）$$

式中，D 为耦合协调度；T 为耦合协调指数；α、β 为待定系数。本节认为物流业与制造业处于同等重要地位，因此 α、β 均取值为 0.5。

参考相关研究，本书将物流业与制造业耦合协调度划分为八个等级，如表 5-5 所示。

表 5-5　耦合协调度等级划分标准

耦合协调度	耦合协调等级	耦合协调度	耦合协调等级
$0 \leq D < 0.2$	严重失调	$0.5 \leq D < 0.6$	初级协调
$0.2 \leq D < 0.3$	中度失调	$0.6 \leq D < 0.7$	中级协调
$0.3 \leq D < 0.4$	轻度失调	$0.7 \leq D < 0.8$	良好协调
$0.4 \leq D < 0.5$	勉强协调	$0.8 \leq D < 1$	优质协调

5.2.2　中国物流业与制造业耦合度分析

依据上文各省份物流业和制造业的发展水平综合评价指数，运用式（5-8）计算出中国各省份 2014~2020 年"两业"耦合度（C），为更直观地比较区域间差距，本节参照《中国卫生统计年鉴》将各省份按照东部、中部、西部地区进行划分，如表 5-6 所示。

表 5-6　中国各省份 2014~2020 年"两业"耦合度

区域	省份	2014 年	2015 年	2016 年	2017 年	2018 年	2019 年	2020 年	均值
东部	北京	0.9984	0.9823	0.9664	0.9619	0.9624	0.9537	0.9337	0.9655
	天津	0.9785	0.9755	0.9873	0.9935	0.9918	0.9936	0.9944	0.9878
	河北	0.8855	0.9156	0.9263	0.9466	0.9306	0.9549	0.9569	0.9309
	辽宁	0.9973	0.9753	0.9838	0.9803	0.9797	0.9675	0.9948	0.9827
	上海	0.9962	0.9990	1.0000	1.0000	0.9988	0.9987	0.9969	0.9985
	江苏	0.9971	1.0000	0.9996	0.9998	0.9974	1.0000	0.9992	0.9990
	浙江	0.9116	0.9744	0.9774	0.9809	0.9908	0.9944	0.9938	0.9748
	福建	0.9375	0.9490	0.9674	0.9703	0.9954	0.9989	0.9954	0.9734
	山东	0.9760	0.9862	0.9739	0.9914	0.9853	0.9708	0.9756	0.9799
	广东	0.9844	0.9973	0.9999	0.9996	0.9993	0.9789	0.9606	0.9886
	海南	0.9992	0.9957	1.0000	0.9965	0.9985	0.9987	0.9727	0.9945
中部	山西	0.9698	0.9612	0.9597	0.9729	0.9841	0.9925	0.9928	0.9761
	黑龙江	0.9913	0.9966	0.9913	0.9914	0.9975	0.9952	0.9970	0.9943
	吉林	0.9968	0.9970	0.9983	0.9971	0.9976	0.9983	0.9954	0.9972
	安徽	0.9838	0.9437	0.9970	0.9998	0.9959	0.9961	0.9992	0.9879
	江西	0.9627	0.9743	0.9926	0.9978	0.9991	0.9987	0.9946	0.9885
	河南	0.9755	0.9861	0.9902	0.9421	0.9983	0.9917	0.9916	0.9822
	湖北	0.9838	0.9945	0.9953	0.9956	0.9989	0.9991	1.0000	0.9953
	湖南	0.9892	0.9847	0.9940	0.9895	0.9989	1.0000	1.0000	0.9938
西部	重庆	0.9860	0.9994	0.9996	0.9990	0.9999	0.9976	0.9999	0.9973
	四川	0.9650	0.9641	0.9561	0.9621	0.9564	0.9461	0.8805	0.9472
	贵州	0.8839	0.8599	0.9171	0.8940	0.9622	0.9625	0.9613	0.9201
	云南	0.7820	0.9972	0.9862	0.9753	0.9253	0.9443	0.9181	0.9326
	陕西	0.9998	0.9951	0.9975	0.9981	0.9977	1.0000	0.9983	0.9981
	甘肃	0.9467	0.9981	0.9999	0.9990	0.9987	0.9944	0.9624	0.9856
	青海	0.9557	0.8114	0.9996	0.9774	0.9990	0.9857	0.9964	0.9607
	宁夏	0.9667	0.9921	0.7861	0.9992	0.9713	0.9963	0.9998	0.9588
	新疆	0.9894	0.9867	0.9848	0.9730	0.9965	0.9737	0.9909	0.9850
	广西	0.9565	0.9392	0.9436	0.9231	0.9559	0.8079	0.9356	0.9231
	内蒙古	0.9946	1.0000	0.9977	0.9982	0.9961	0.9866	0.9939	0.9953
平均值		0.9647	0.9711	0.9756	0.9802	0.9853	0.9792	0.9794	—

　　从表 5-6 中可以看出各省份"两业"耦合度较高，均在 0.9200 以上，

主要集中在 0.9700~1.0000。江苏、上海、陕西优势较为明显，平均耦合度非常接近 1。中、东、西部地区耦合度依次降低。虽然耦合度显示中国各省份"两业"的相互作用程度较高，但仍需对耦合协调度进行进一步测算，以衡量"两业"间的协调效应和发展水平。

5.2.3　中国物流业与制造业耦合协调度分析

运用式（5-9）、式（5-10）计算出 30 个省、自治区、直辖市（不含香港、澳门、台湾和西藏）2014~2020 年"两业"耦合协调度（T），并按各区域进行划分，如表 5-7 所示。研究期间，中国耦合协调度整体均值为 0.4028，处于勉强协调水平。

表 5-7　中国各省份 2014~2020 年"两业"耦合协调度

区域	省份	2014年	2015年	2016年	2017年	2018年	2019年	2020年	均值	等级
东部	北京	0.5496	0.5297	0.5360	0.5568	0.5546	0.5578	0.5395	0.5463	初级协调
	天津	0.4535	0.4601	0.4366	0.4529	0.4162	0.4392	0.4426	0.4430	勉强协调
	河北	0.3768	0.3799	0.3849	0.4062	0.4322	0.4309	0.4426	0.4076	勉强协调
	辽宁	0.3987	0.3653	0.3456	0.3741	0.3869	0.3983	0.3742	0.3776	轻度失调
东部	上海	0.4910	0.4925	0.4992	0.5104	0.5352	0.5306	0.5378	0.5138	初级协调
	江苏	0.5769	0.5745	0.5942	0.6026	0.5989	0.6267	0.6542	0.6040	中级协调
	浙江	0.4959	0.4786	0.4973	0.5088	0.5152	0.5270	0.5569	0.5114	初级协调
	福建	0.3922	0.4003	0.4159	0.4247	0.4126	0.4290	0.4595	0.4192	勉强协调
	山东	0.4855	0.5006	0.5360	0.5171	0.5058	0.4929	0.5182	0.5080	初级协调
	广东	0.6451	0.6433	0.6685	0.6958	0.7287	0.6884	0.6790	0.6784	中级协调
	海南	0.2909	0.2995	0.3040	0.3030	0.2940	0.3064	0.3071	0.3007	轻度失调
中部	山西	0.3118	0.3059	0.3053	0.3199	0.3343	0.3448	0.3493	0.3245	轻度失调
	黑龙江	0.3064	0.3074	0.3099	0.3224	0.3017	0.3183	0.3212	0.3125	轻度失调
	吉林	0.3359	0.3255	0.3336	0.3344	0.3348	0.3374	0.3871	0.3412	轻度失调
	安徽	0.3521	0.4094	0.3751	0.3810	0.4281	0.4398	0.4542	0.4057	勉强协调
	江西	0.3242	0.3343	0.3394	0.3480	0.3719	0.3855	0.4064	0.3585	轻度失调
	河南	0.4005	0.4122	0.4141	0.4823	0.4582	0.4375	0.4664	0.4387	勉强协调
	湖北	0.3819	0.3839	0.3919	0.4052	0.4339	0.4473	0.4288	0.4104	勉强协调

区域	省份	2014年	2015年	2016年	2017年	2018年	2019年	2020年	均值	等级
中部	湖南	0.3622	0.3903	0.3925	0.4104	0.4008	0.4085	0.4240	0.3984	轻度失调
	重庆	0.3502	0.3705	0.3687	0.4141	0.3878	0.4087	0.4161	0.3880	轻度失调
	四川	0.3742	0.3769	0.3820	0.4051	0.4176	0.4471	0.4891	0.4131	勉强协调
	贵州	0.3133	0.3247	0.3273	0.3540	0.3406	0.3369	0.3327	0.3328	轻度失调
	云南	0.3830	0.2899	0.2816	0.3112	0.3514	0.3491	0.3634	0.3328	轻度失调
	陕西	0.3690	0.3622	0.3708	0.3803	0.3959	0.4242	0.4046	0.3867	轻度失调
西部	甘肃	0.2962	0.2729	0.2731	0.2861	0.2980	0.2967	0.3242	0.2925	中度失调
	青海	0.3089	0.3844	0.2815	0.2868	0.2771	0.3169	0.3093	0.3093	轻度失调
	宁夏	0.2993	0.3084	0.4236	0.2990	0.2913	0.2973	0.3171	0.3194	轻度失调
	新疆	0.2937	0.3014	0.3094	0.3201	0.3372	0.3350	0.3112	0.3154	轻度失调
	广西	0.3012	0.3267	0.3263	0.3297	0.3263	0.3989	0.3386	0.3354	轻度失调
	内蒙古	0.3609	0.3516	0.3679	0.3445	0.3632	0.3623	0.3616	0.3590	轻度失调
平均值		0.3860	0.3888	0.3931	0.4029	0.4077	0.4173	0.4239	0.4028	勉强协调

5.2.3.1 "两业"耦合协调度时间变化特征

2014~2020 年中国"两业"耦合协调度均值逐年缓慢上升，由 0.3860 提升至 0.4239，由轻度失调迈入勉强协调。"两业"耦合失调（严重失调、中度失调、轻度失调）的省份由 22 个减少为 13 个，达到协调水平（勉强协调、初级协调、中级协调、良好协调、优质协调）的省份由 8 个增加到 17 个，所占比重由 26.67% 跃升至 56.67%。这表明在国家大力推动下，"两业"融合已经取得一定成效，并且将继续保持良好势头，朝更深的互促发展方向迈进。

研究期间，物流业与制造业耦合协调度涨幅最大的是四川和安徽，涨幅均约为 30%，实现了由轻度失调向勉强协调的转变。广东的耦合协调度最高，一直遥遥领先于其他省份。2018 年广东的耦合协调度为 0.7287，是整个研究期内唯一处于良好协调等级的年份，紧随其后的是江苏、北京、上海、浙江、山东，即从 2014 年至 2020 年一直保持着"一极五强"的格局。

5.2.3.2 "两业"耦合协调度空间变化特征

研究期间，中国各省份的"两业"耦合协调度分布在 0.2729~0.7287，耦合协调度跨越五个等级。各区域间两个系统耦合协调度差距较大，存在明显的空间异质性，呈现出东部—中部—西部依次降低的空间格局。此外，全国大约 50% 的省份仍处于轻度失调阶段。这说明在新时代背景下，中国物流业与制造业融合发展具有广阔的发展空间。

东部地区各省份耦合协调度最高。广东是改革开放的先行者，江苏、上海、浙江位于长三角经济圈，北京、山东位于环渤海经济圈。这些地区物流需求旺盛，对外交流频繁，信息化水平高，依托良好的区位优势和发展政策，物流业和制造业均处于全国领先水平，"两业"耦合度、耦合协调度也较高，发展较为均衡，体现了"两业"的正向促进作用。海南耦合协调度没有达到协调水平主要有两方面的原因：一是政策引导大力发展第三产业而导致制造业水平较低，物流业与制造业发展不均衡，耦合协调度较低；二是与广东相邻，各种优势资源向广东集聚，周边省域发展水平普遍较低，"极化效应"明显。

中部地区各省份耦合协调水平较为平均，2014~2020 年各省份均处于轻度失调或勉强协调水平。以研究期间中部地区各省份耦合协调度均值来衡量，河南、湖北、安徽为勉强协调，湖南、江西、吉林、山西、黑龙江为轻度失调。河南整体发展水平居于中部地区领先地位。作为一个拥有 1 亿人口的内陆大省，河南无论发展物流业还是制造业都有丰富的劳动力。此外，河南是贯通南北、承东启西的重要交通枢纽，新经济环境下，铁路运输高度发达，河南逐渐成为全国物流中心，带来了外商投资和金融贸易的增加，能够为产业发展带来强大动力。吉林和黑龙江作为老工业基地，制造业起步早但发展缓慢，物流园区规模较小，服务质量有待提高，整体发展水平偏低。此外，对创新技术的应用较为缺乏，人才流失严重，而"两业"融合对智能化、数字化等要求较高，产业转型升级仍面临较大考验。

西部地区各省份耦合协调度普遍较低。其中，从均值来看，只有四川达到勉强协调水平，其他省份耦合度均为失调状态。这与四川近年来大胆发展新兴制造业，淘汰落后产能，推行物流业降本增效，积极引导产业转型有较大关系。其主要原因在于：西部地区地形复杂，存在严重的人口和资源流失现象，交通条件较差，阻碍了物品流通，产业发展质量较差，难以形成规模效应，创新活力和开放程度不足，导致产业技术开发有所欠缺，物流业和制造业发展水平均处于全国较低水平，无法形成协同共促的良性循环。

5.2.4 中国物流业与制造业融合发展阶段划分

从研究期间耦合协调度均值来看，30个省、自治区、直辖市（不含香港、澳门、台湾和西藏）的"两业"融合水平共覆盖五个耦合协调等级。其中，处于中度失调的仅有甘肃；处于轻度失调的共16个省份，包括绝大多数中西部省份和东部的辽宁、海南；处于勉强协调的有7个省份，其中，四川为唯一处于勉强协调的西部省份；处于初级协调和中级协调的有6个省份，均为东部经济发展水平较高的省份。为方便后文对各阶段进行影响因素的组态路径研究，本节结合各省份融合情况以及国家政策方针，将五个耦合协调等级整合为三个发展阶段，分别为联动阶段、融合阶段和深度融合阶段，各阶段划分情况以及包括的省份如表5-8所示。

表5-8　中国"两业"融合发展阶段划分

融合发展阶段	耦合协调度	包括的省份
联动阶段	中度失调	甘肃
	轻度失调	辽宁、海南、山西、黑龙江、吉林、江西、湖南、重庆、贵州、云南、陕西、青海、宁夏、新疆、广西、内蒙古
融合阶段	勉强协调	天津、河北、福建、安徽、河南、湖北、四川
深度融合阶段	初级协调	北京、上海、浙江、山东
	中级协调	江苏、广东

第一阶段是联动阶段，处于该发展阶段的是中度失调和轻度失调的17个省份。该阶段的特征是物流业与制造业基于相互间的联系，通过产业结构的战略调整，实现优势互补、合理分工，是"两业"融合的启动阶段。在该阶段，物流业企业与制造业企业开始趋于合作共赢的发展模式，实现市场、物资、劳动力、信息、技术、资金等资源的共享，形成合理的产业分工体系。处于该阶段的省份以中西部地区为主，东部地区则只有辽宁、海南，这些地区"两业"之间虽然呈现较高的关联度，但"两业"发展水平较低，相互间协同共促的效果仍有待提升。

第二阶段是融合阶段，处于该发展阶段的是勉强协调的7个省份。该阶段的特征是物流业与制造业通过各种途径加深战略合作，在整个供应链中相互渗透、共同发展。在该阶段，"两业"联动更加紧密，两个产业主体之间无缝对接、精准衔接、相互促进、协同发展，逐渐成为一个大的高层次复合系统。处于该阶段的省份主要集中在东部和中部地区，西部地区达到这一阶段的只有四川，这些省份物流业与制造业发展状况较好，相互间能够实现良性互动、共同发展。

第三阶段是深度融合阶段，处于该发展阶段的是初级协调和中级协调的 6 个省份。该阶段的特征是"两业"融合更加深入，你中有我、我中有你，形成利益共同体、命运共同体。在该阶段，物流业与制造业在深度融合的基础上寻求高质量发展和创新发展，如科技赋能产业转型、建设智慧港口、智慧物流、进行低碳技术改革、新旧动能转换等。"两业"融合的大系统出现了更多的发展模式，也更具活力。处于该阶段的 6 个省份均为东部经济发展水平较高的省份，广东、江苏居于全国领先地位。

各省份由于"两业"发展水平的差异处于不同的发展阶段，实际上这三个发展阶段也是物流业与制造业融合从萌芽时期到成熟时期的缩影。

联动阶段对应 2007~2014 年，中国开始初步探索"两业"融合。2007 年，以优化服务业发展结构为目标，国家发改委召开首届全国制造业与物流业联动发展大会。之后，选定物流业发展规划重点省份，评选示范企业，营造良好的联动发展氛围，"两业"联动意识逐渐增强。

融合阶段对应 2015~2017 年，深入推进物流业与制造业互动融合，协同发展。中国对"两业"融合的探索进入细分物流领域，"两业"进一步加强战略、模式、业务等方面的合作，促进信息流、资金流和物流的协同整合。2016 年国务院办公厅转发了国家发改委《物流业降本增效专项行动方案（2016—2018 年）》，指出建立一体化智慧供应链管理服务体系。

深度融合阶段对应 2018 年至今，创新赋能"两业"融合发展，成为支撑制造业转型升级的重要动力源。2020 年中国立足复杂的新冠疫情防控和双循环新发展格局，发布《推动物流业制造业深度融合创新发展实施方案》，推进物流业降本增效，促进制造业转型升级，以及"两业"深度融合、创新发展，从企业主体、设施设备、业务流程、标准规范、信息资源五个关键环节深化融合程度，并强调了大宗商品物流、绿色物流、国际物流、应急物流等重点领域的跨界融合。

5.3 本章小结

本章基于前文构建的中国物流业和制造业发展评价指标体系，确定指标权重，计算"两业"综合评价指数，进而构建耦合协调模型，测算"两业"融合发展水平，主要得出如下结论。

第一，2014~2020 年，中国物流业发展水平整体缓慢提升，空间差异较大，东部地区持续领先。中国制造业发展增速高于物流业，空间差异大体与物流业发展状况相近。

第二，2014~2020 年，中国各省域"两业"耦合度较高，说明"两业"发展高度关联，相互作用程度较高。

第三，2014~2020 年，中国"两业"耦合协调度由轻度失调迈入勉强协调，达到协调水平的省份占比由 26.67% 跃升至 56.67%，正在向初级协调阶段迈进。但区域上耦合协调度呈现出东部—中部—西部依次降低的空间异质性，促进"两业"更深层次融合还有很长的路要走。

第四，根据各省份耦合协调度，本章划分了三个"两业"融合发展阶段，分别为联动阶段、融合阶段和深度融合阶段。

第 6 章

中国物流业与制造业融合发展的时空格局及动态演进分析

本章多尺度地对"两业"融合发展时空格局及动态演进规律进行了研究，分别运用三种方法从物流业发展水平、制造业发展水平、"两业"融合水平三个角度展开研究：一是通过基尼系数及其分解的方法探究其区域差异来源，二是构建空间自相关模型进一步揭示其空间分布规律，三是绘制核密度曲线呈现其动态演进过程。

6.1 中国物流业与制造业融合发展的区域差异分析

6.1.1 Dagum 基尼系数及其分解

为识别中国物流业与制造业发展及"两业"融合水平的区域差异来源，本章采用 Dagum 基尼系数及其分解的方法进行研究。基尼系数最初用于衡量收入问题。1997 年 Dagum 提出基尼系数分解方法用于测度地区间发展差异，即将基尼系数分解为地区内差异（ G_w ）、地区间差异净值（ G_{nb} ）以及超变密度（ G_t ）三个部分， $G = G_w + G_{nb} + G_t$ 。其中，地区内差异用于衡量地区内部个体间的发展差距；地区间差异净值用于衡量不同地区之间的整体差距；由于某一地区的所有个体发展水平并不完全高于或低于另一个地区的所有个体，因此超变密度用于反映不同地区间的交叉重叠情况。Dagum 总体基尼系数定义如下：

$$G = \frac{\sum_{j=1}^{k}\sum_{h=1}^{k}\sum_{i=1}^{n_j}\sum_{r=1}^{n_h}\left|y_{ji} - y_{hr}\right|}{2n^2\bar{y}} \tag{6-1}$$

式中，k 为划分的地区数，本章将各省份划分为东部地区、中部地区、西部地区，故 $k=3$ ；n 为省份数，本章选取中国 30 个省、自治区、直辖市（不含香港、澳门、台湾和西藏）为研究对象，故 $n=30$ ；n_j（ n_h ）为地区 $j(h)$ 中的省份个数；y_{ji}（ y_{hr} ）为地区 $j(h)$ 中省份 $i(r)$ 的物流业（制造业）发展水平或"两业"融合水平；$\bar{y}$ 为所有省份的物流业（制造业）发展水平或"两业"融合水平均值。

按照各地区的发展水平均值进行排序，如式（6-2）所示，其中 $\bar{y}_z(z=1,2,\cdots,k)$ 为第 z 个地区的发展水平均值。

$$\bar{y}_h \leqslant \cdots \leqslant \bar{y}_z \leqslant \cdots \leqslant \bar{y}_j \tag{6-2}$$

j 地区的基尼系数定义为：

$$G_{jj} = \sum_{i=1}^{n_j}\sum_{r=1}^{n_j}\frac{\left|y_{ji}-y_{hr}\right|}{2n_j^2\bar{y}_j} \tag{6-3}$$

j、$h(j \neq h)$ 地区间的基尼系数定义为：

$$G_{jh} = \sum_{i=1}^{n_j}\sum_{r=1}^{n_h}\frac{\left|y_{ji}-y_{hr}\right|}{n_jn_h(\bar{y}_j+\bar{y}_h)} \tag{6-4}$$

地区内差异 G_w 可表示为：

$$G_w = \sum_{j=1}^{k}G_{jj}p_js_j \tag{6-5}$$

式中，$p_j=\dfrac{n_j}{n}$，$s_j=\dfrac{n_j\bar{y}_j}{n\bar{y}}$。

地区间差异净值 G_{nb}、超变密度 G_t 可表示分别为：

$$G_{nb} = \sum_{j=2}^{k}\sum_{h=1}^{j-1}G_{jh}(p_js_h+p_hs_j)D_{jh} \tag{6-6}$$

$$G_t = \sum_{j=2}^{k}\sum_{h=1}^{j-1}G_{jh}(p_js_h+p_hs_j)(1-D_{jh}) \tag{6-7}$$

式中，$p_h=\dfrac{n_h}{n}$，$s_h=\dfrac{n_h\bar{y}_h}{n\bar{y}}$，$D_{jh}$ 为地区 j 与地区 h 间发展水平的相对影响，计算公式如下：

$$D_{jh} = \frac{d_{jh}-p_{jh}}{d_{jh}+p_{jh}} \tag{6-8}$$

$$d_{jh} = \int_0^\infty \mathrm{d}F_j(y)\int_0^y(y-x)\mathrm{d}F_h(x) \tag{6-9}$$

$$p_{jh} = \int_0^\infty \mathrm{d}F_h(y)\int_0^y(y-x)\mathrm{d}F_j(x) \tag{6-10}$$

式中，d_{jh}、p_{jh} 为地区间发展水平的差值，d_{jh} 为地区 j 和地区 h 中所有 $y_{ji} - y_{hr} > 0$ 的省份加总的期望值，p_{jh} 为地区 j 和地区 h 中所有 $y_{ji} - y_{hr} > 0$ 的省份加总的期望值；F_j（F_h）为地区 j（h）的累计密度分布函数。

6.1.2 中国物流业发展水平的区域差异

6.1.2.1 中国物流业发展水平的总体差距及贡献度

根据 2014~2020 年中国 30 个省、自治区，直辖市（不含香港、澳门、台湾和西藏）物流业发展综合评价指数，利用式（6-1）至式（6-10）计算整体基尼系数并进行分解，测算和分解结果如表 6-1 所示。

表 6-1　2014~2020 年中国物流业综合评价指数基尼系数测算和分解结果

年份	整体基尼系数	地区内差异	地区间差异净值	超变密度	贡献度（%）		
					地区内差异	地区间差异净值	超变密度
2014	0.255	0.066	0.149	0.040	25.905	58.479	15.616
2015	0.247	0.068	0.130	0.049	27.426	52.678	19.896
2016	0.264	0.074	0.133	0.057	28.095	50.332	21.573
2017	0.254	0.067	0.143	0.043	26.459	56.449	17.092
2018	0.257	0.069	0.150	0.039	26.644	58.369	14.987
2019	0.229	0.066	0.107	0.057	28.681	46.457	24.863
2020	0.236	0.068	0.100	0.068	28.779	42.264	28.957

由图 6-1 可知，2014~2020 年中国物流业发展水平的整体差异呈现波动下降态势。总体差距由 0.255 下降至 0.236，下降了 7.45%，说明中国物流业发展愈加平衡，地区差距逐渐减小。2019 年物流业整体基尼系数为 0.229，同比下降幅度最大，达到 10.89%，主要是由于 2019 年以来物流业降本增效取得阶段性成果，结构调整和新旧动能加快转换，物流业发展协调性有所好转。

图 6-2 描述了中国物流业发展水平总体差距的来源及其贡献度的演变趋势，从图 6-2 可以看出 2014~2020 年，中国物流业发展水平的总体差距主要来源于地区间差异净值，整体呈现波动下降趋势。2018 年之前地区间差异净值贡献较为平稳，保持在 50%~60%；2018 年之后，地区间差异净

值贡献连续两年下降，2020 年降至 42.3%，与前文基尼系数变化趋势一致。其次来源于地区内差异贡献度基本稳定，在 25%~29% 小幅提升。这一现象可能是由于众多省份采取非均衡发展战略，集中优势资源向省会等发达城市集聚，引起区域内部差异略微上升。超变密度总体呈上升态势，说明区域间交叉重叠现象有所加强，印证了总体基尼系数下降的数据真实性和可靠性，说明区域间物流业发展的协调性呈现加强趋势。

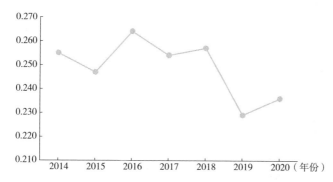

图 6-1　2014~2020 年中国物流业综合评价指数基尼系数变化趋势

图 6-2　2014~2020 年中国物流业综合评价指数地区差异的贡献度趋势

6.1.2.2 中国物流业发展水平的地区内差异

根据式（6-3）计算物流业综合评价指数第 j 个区域（东、中、西部地区）的基尼系数 G_{jj}，并绘制三大区域内部基尼系数变化趋势，如图 6-3 所示。2014~2020 年物流业发展水平差距按均值从大到小依次是东部地区、西部地区、中部地区。东部地区基尼系数基本稳定，在 0.2 附近反复波动，呈现出与全国整体基尼系数一致的趋势。西部地区内部差距有扩大的态势，基尼系数由 2014 年的 0.161 上升至 2020 年的 0.212，涨幅 31.68%。东部地区、西部地区基尼系数趋势线交错并行，2016 年、2019 年西部地区基尼系数分别达到 0.245、0.211，成为内部差异最大的区域。可见西部地区物流业发展存在较大的不平衡问题，区域协调仍是物流业发展关注的焦点。中部地区基尼系数始终低于东部地区、西部地区，表示中部地区物流业协调发展水平较高。

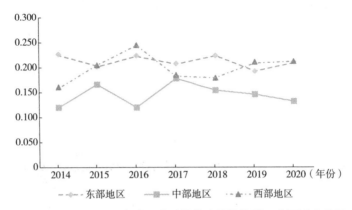

图 6-3　2014~2020 年中国物流业综合评价指数三大区域内差异

6.1.2.3 中国物流业发展水平的地区间差异

根据式（6-4）计算物流业综合评价指数第 j、h 区域（东、中、西部地区）间的基尼系数 G_{jh}，并绘制三大区域间的基尼系数变化趋势，如图 6-4 所示。

图 6-4　2014~2020 年中国物流业综合评价指数三大区域间差异

图 6-4 显示，2014~2020 年物流业发展水平区域间差距按均值从大到小依次是东部—西部地区、东部—中部地区、中部—西部地区。东部—西部地区、东部—中部地区基尼系数均呈现波动下降趋势，特别是东部—中部地区自 2017 年以来区域间差距连续 4 年缩小，由 2014 年的 0.267 下降至 2020 年的 0.255，下降了 4.94%。中部—西部地区区域间差距最小，自 2015 年迅猛增长 31.29% 以来，连续 6 年变化幅度较小，均较为接近 0.200。

6.1.3 中国制造业发展水平的区域差异

6.1.3.1 制造业发展水平的总体差距及贡献度

根据 2014~2020 年中国 30 个省、自治区、直辖市（不含香港、澳门、台湾和西藏）制造业发展综合评价指数，利用式（6-1）至式（6-10）计算整体基尼系数并进行分解，测算和分解结果如表 6-2 所示。

表 6-2　2014~2020 年中国制造业综合评价指数基尼系数测算和分解结果

年份	整体基尼系数	地区内差异	地区间差异净值	超变密度	贡献度（%）		
					地区内差异	地区间差异净值	超变密度
2014	0.296	0.071	0.204	0.020	24.156	68.933	6.912
2015	0.297	0.075	0.196	0.026	25.203	65.934	8.863
2016	0.309	0.078	0.206	0.025	25.270	66.791	7.939
2017	0.312	0.080	0.210	0.023	25.510	67.195	7.295
2018	0.302	0.081	0.196	0.025	26.777	64.823	8.400
2019	0.307	0.080	0.204	0.023	26.191	66.477	7.332
2020	0.313	0.079	0.216	0.019	25.132	68.866	6.002

如图 6-5 所示，2014~2020 年中国制造业发展水平的整体差异呈现出小幅扩张的态势，增长 5.74%。2018 年制造业整体差异在连续 4 年增长之后，首次出现下降趋势，但之后的两年出现反弹。这是由于始于 2019 年的中美贸易摩擦使国家实施产业结构调整，以此来解决"卡脖子"问题，造成制造业发展不协调问题有所加重。

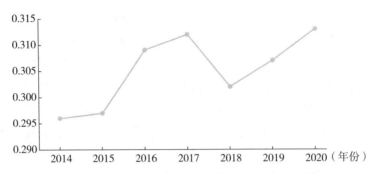

图 6-5　2014~2020 年中国制造业综合评价指数基尼系数变化趋势

根据图 6-6 可知，2014~2020 年地区间差异净值贡献度均在 65% 以上，是中国制造业发展总体差距的主要来源，且地区间差异呈 "W" 形，2018 以来出现扩张趋势。地区内差异贡献在研究期内基本保持稳定，在 24%~27% 之间小幅波动。超变密度主要识别区域间交叉重叠现象，从前文测算结果来看东部和中部地区制造业发展明显高于西部地区，但可能存在东部地区、中部地区某些发展水平较低省份低于某些西部发展水平较高省份的情况。研究期间超变密度小幅波动，整体呈下降趋势，印证了整体基尼系数上升的可靠性。

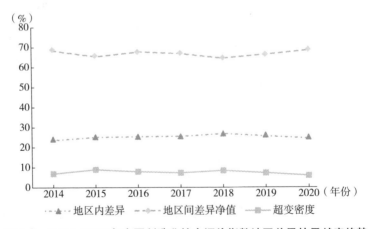

图 6-6　2014~2020 年中国制造业综合评价指数地区差异的贡献度趋势

6.1.3.2 制造业发展水平的地区内差异

根据式（6-3）计算制造业综合评价指数第 j 区域（东、中、西部地区）的基尼系数 G_{jj}，并绘制三大区域内部基尼系数变化趋势，如图 6-7 所示。2014~2020 年制造业发展水平差距按均值从大到小依次是东部地区、西部地区、中部地区。东部地区与中部地区基尼系数变化趋势一致，均以 2018 年为转折点，分为前后两个阶段，第一阶段基尼系数不断上升，第二阶段连续两年下降，地区内差异整体呈现小幅扩张趋势。西部地区基尼系数较为稳定，仅在 0.150~0.180 波动，与整体基尼系数走向较为一致。2018 年西部地区基尼系数降至 0.151，为该区域研究期间最低水平，基本与中部地区持平。但之后两年西部地区制造业发展差异出现反弹，有扩张趋势，西部地区产业协调发展仍然值得关注。

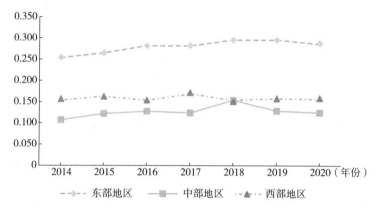

图 6-7　2014~2020 年中国制造业综合评价指数三大区域内差异

6.1.3.3 制造业发展水平的地区间差异

根据式（6-4）计算物流业综合评价指数第 j、h 区域（东、中、西部地区）间的基尼系数 G_{jh}，并绘制三大区域间的基尼系数变化趋势，如图 6-8 所示。2014~2020 年制造业发展水平区域间差距按均值从大到小依次是东部—西部地区、东部—中部地区、中部—西部地区。东部—西部地区、中部—西部地区区域间差异均有扩张趋势，东部—西部地区区域间基尼系数由 2014 年的 0.324 上升至 2020 年的 0.352，增长了 8.64%，中部—西部地区区域间基尼系数由 2014 年的 0.150 上升至 2020 年的 0.185，增长了 23.33%。东部—中部地区区域间基尼系数呈现倒"V"形，以 2016 年为分水岭，第一个阶段基尼系数不断上升，第二个阶段则不断下降，2020 年跌落至 2014 年初始水平，为 0.283。通过比较制造业区域间差异可以得出，西部地区制造业发展水平与东部、中部地区还有较大差异。

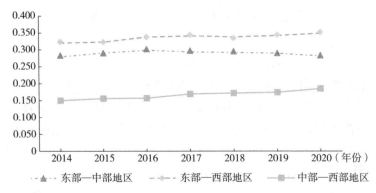

图 6-8　2014~2020 年中国制造业综合评价指数三大区域间差异

6.1.4　中国物流业与制造业融合水平的区域差异

6.1.4.1　"两业"融合水平的总体差距及贡献度

根据 2014~2020 年中国 30 个省、自治区、直辖市（不含香港、澳门、台湾和西藏）物流业与制造业耦合协调度，利用式（6-1）至式（6-10）计算整体基尼系数并进行分解，测算和分解结果如表 6-3 所示。

表 6-3　2014~2020 年中国"两业"耦合协调度基尼系数测算和分解结果

年份	整体基尼系数	地区内差异	地区间差异净值	超变密度	贡献度（%）		
					地区内差异	地区间差异净值	超变密度
2014	0.123	0.029	0.082	0.012	23.335	67.136	9.529
2015	0.122	0.030	0.079	0.013	24.565	64.854	10.581
2016	0.130	0.033	0.081	0.016	25.520	62.436	12.044
2017	0.132	0.033	0.085	0.014	24.935	64.552	10.512
2018	0.132	0.034	0.083	0.015	25.677	62.730	11.593
2019	0.122	0.032	0.074	0.016	26.386	60.312	13.303
2020	0.126	0.032	0.077	0.017	25.475	60.997	13.528

如图 6-9 所示，2014~2020 年"两业"耦合协调度基尼系数呈现"W"形，总体差距有小幅扩大趋势。2016~2018 年的基尼系数较高，约为 0.130，可见在极为复杂的国际经济环境中，中国进出口增长缓慢，"三期叠加"

局面对中国经济增长质量造成明显冲击，"两业"融合协调发展受到影响。2019 年以来有所好转，整体基尼系数恢复至研究期间的平均水平，可见"两业"融合不平衡的现象有所好转。

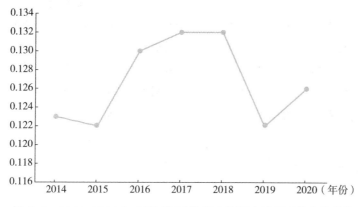

图 6-9 2014~2020 年中国"两业"耦合协调度基尼系数变化趋势

图 6-10 描述了"两业"耦合协调度总体差距的来源及其贡献度的演变态势，从图 6-10 中可以看出地区间差异净值贡献度最高，始终保持在 60% 以上，整体呈现下降趋势，从 2014 年的 67.1% 降低至 2020 年的 61.0%，下降了 9.09%。这表示"两业"融合发展耦合协调度的空间协调性有所改善。2014~2020 年地区内差异贡献与超变密度贡献变动较小，分别稳定在 23%~27% 和 9%~14%。

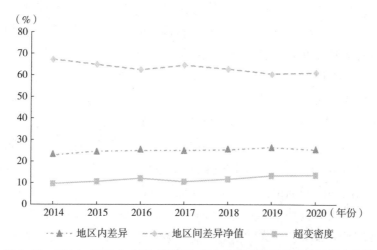

图 6-10 2014~2020 年中国"两业"耦合协调度地区差异的贡献度趋势

6.1.4.2 "两业"融合水平的地区内差异

根据式（6-3）计算"两业"耦合协调度第 j 区域（东、中、西部地区）的基尼系数 G_{jj}，并绘制三大区域内部基尼系数变化趋势，如图 6-11 所示。2014~2020 年三大区域"两业"融合发展基尼系数最高的是东部地区，整体来看呈"M"形，在 0.120 附近反复波动。且与全国整体基尼系数较为接近，主要是由于广东、上海、浙江等东部发达省份产业快速发展，拉大了东部地区的内部差异。中部地区与西部地区基尼系数变化趋势线交错并行，区域内"两业"融合发展协调度较高，从研究期间的均值来看，两地区基尼系数相差甚微，西部地区略高于中部地区。

图 6-11 2014~2020 年中国"两业"耦合协调度三大区域内差异

6.1.4.3 "两业"融合水平的地区间差异

根据式（6-4）计算"两业"耦合协调度第 j、h 区域（东、中、西部地区）间的基尼系数 G_{jh}，并绘制三大区域间的基尼系数变化趋势，如图 6-12 所示。2014~2020 年"两业"耦合协调度区域间差异最大的是东部—西部地区，均值为 0.140；区域间差异最小的是中部—西部地区，均值为 0.082。与物流业、制造业发展水平区域间差异表现出较高的联动性。其中，东部—西部地区、中部—西部地区基尼系数整体呈现上升趋势，分别增长了 3.68% 和 46.43%。东部—中部地区基尼系数变动趋势略有下降，降幅为 7.75%。由此可以得出中部地区"两业"融合发展协调性在研究期间有较大提高，逐渐靠近处于领先地位的东部地区，而西部地区发展缓慢，与东中部地区差异较大，未来"两业"融合发展不平衡性呈扩大趋势，在推进产业经济发展的同时应兼顾区域协调。

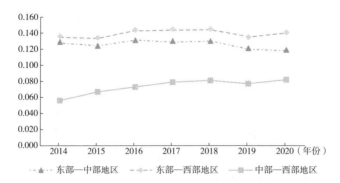

图 6-12　2014~2020 年中国"两业"耦合协调度三大区域间差异

6.2　中国物流业与制造业融合发展的空间效应分析

6.2.1　空间自相关模型

空间自相关作为一种分析数据在空间上相关关系的空间统计方法，能够解释空间属性数据的关联特征，进而描述其在空间上的集聚情况，因此，利用其可以直观反映物流业与制造业融合发展水平在空间上的分布特征，空间自相关分析可以分为全局空间自相关和局部空间自相关。全局空间自相关通常采用莫兰指数（Moran's I）来判断区域内要素整体性的聚散程度，表示全局内空间的依赖性程度、空间差异大小。Moran's I 指数计算公式如下：

$$\text{Moran's I} = \frac{\sum_{i=1}^{n}\sum_{j\neq i}^{n} w_{ij}(x_i - \bar{x})(x_j - \bar{x})}{S^2 \sum_{i=1}^{n}\sum_{j\neq i}^{n} w_{ij}} \tag{6-11}$$

式中，$S^2 = \dfrac{1}{n}\sum_{j=1}^{m}(x_i - \bar{x})^2$；$n$ 为空间单元总数；x_i、x_j 为变量 x 在相邻配对空间的取值分别为中国第 i 和第 j 省份的"两业"融合水平；$\bar{x}$ 为所有省份"两业"融合水平的平均值；w_{ij} 为空间权重矩阵。

Moran's I 的值域为 $[-1, 1]$，当 $I > 0$ 时，表示空间正相关，且 I 值越大表示空间自相关程度越高，说明物流业与制造业融合水平高的省份在空间分布上集聚效应越强；当 $I<0$ 时，表示空间负相关，且 I 值越小意味着空间差异越大，"两业"融合水平在空间分布上的趋异性越显著；当 $I=0$ 时，表示空间上无相关关系，空间呈随机性，区域整体空间相互独立。

局部空间自相关用于刻画各空间单元与其邻接或邻近的空间单元同一观测指标的空间关联和差异程度，通常用局部 Moran's I 衡量并用 Moran 散点图来直观描述，与全局空间自相关分析互为补充，弥补全局 Moran's I 计算结果过于笼统的不足，具体反映出各空间区域局部集聚的程度。Moran 散点图从第一象限到第四象限分别代表"H–H"（高—高）、"L–H"（低—高）、"L–L"（低—低）、"H–L"（高—低）集聚 4 种空间关联类型。其中，"H–H"集聚指某空间单元自身观测值及周边空间单元观测值都高；"L–H"集聚指空间单元自身观测值低，周边地区观测值高；"L–L"集聚指空间单元自身观测值及周边空间单元观测值都低；"H–L"集聚指空间单元自身观测值高，周边地区低。局部 Moran's I 的公式表示为：

$$I_i = Z_i' \sum_j \boldsymbol{w}_{ij} Z_j' \qquad (6\text{--}12)$$

式中，Z_i' 和 Z_j' 是经过标准化后的观测值。

为进一步探究中国各省份物流业发展水平、制造业发展水平以及物流业与制造业融合水平在空间分布上的特征和集聚态势，引入空间自相关分析。

6.2.2 中国物流业发展水平的空间效应

利用 Stata 软件，测算中国物流业发展水平全局 Moran's I 值、Z 得分、P 值，如表 6–4 所示。

表 6–4 2014~2020 年中国物流业发展水平全局 Moran's I 值、Z 得分、P 值

年份	Moran's I 值	Z 得分	P 值
2014	0.2100	2.4030	0.0160
2015	0.0820	1.1270	0.2600
2016	0.1810	2.0760	0.0380
2017	0.1200	1.4970	0.1340
2018	0.1210	1.5610	0.1180
2019	0.1040	1.3110	0.1900
2020	0.0810	1.0960	0.2730

由表 6-4 可以看出物流业发展水平在 2015 年、2017~2020 年 P 值均大于 0.1，无法拒绝零假设，空间分布呈现出完全随机性，这表明中国物流业发展并没有呈现出显著的集聚性特征；2014 年和 2016 年 P 值小于 0.05，且 Z 得分大于 1.96，说明 2014 年和 2016 年中国物流业发展在空间上存在自相关关系。虽然这两年的 Moran's I 值通过显著性检验且大于零，但是值较小，这表明中国物流业发展在这两年间虽然呈现出空间正相关，但是正相关程度较小。综合来看，2014~2020 年空间自相关关系不明显，因此中国物流业发展形成了不同省份"各自为政"的局面。

6.2.3　中国制造业发展水平的空间效应

利用 Stata 软件，测算中国制造业发展水平全局 Moran's I 值、Z 得分、P 值，如表 6-5 所示。

表 6-5　2014~2020 年中国制造业发展水平全局 Moran's I 值、Z 得分、P 值

年份	Moran's I 值	Z 得分	P 值
2014	0.3540	3.7680	0.0000
2015	0.3260	3.5080	0.0000
2016	0.3150	3.4620	0.0010
2017	0.2790	3.1550	0.0020
2018	0.2440	2.8710	0.0040
2019	0.2650	3.0940	0.0020
2020	0.2590	3.0100	0.0030

如表 6-5 所示，对于制造业发展水平来说，全局 Moran's I 值都为正，在 0.259~0.354 浮动，且都通过了正态分布函数 0.01 显著性水平下的 2.58 的临界值，说明中国制造业发展存在空间相关性，且空间集聚程度较高。这与中国制造业发展的实际国情相吻合。但进一步观察 Moran's I 值发现，2014~2020 年，全局 Moran's I 呈现明显的下降趋势，说明空间相关性正在降低，集聚程度有所下降。这说明中国制造业正在走高质量发展之路，地区之间的差异正在逐渐缩小。

6.2.4 中国物流业与制造业融合水平的空间效应

由上述分析可知，中国各省份物流业与制造业融合水平在空间分布上存在一定关联性，为进一步分析其空间分布特征和集聚态势，对"两业"融合水平进行空间自相关分析，利用 Stata 软件，测算中国物流业与制造业融合水平的全局 Moran's I 值、Z 得分、P 值，如表 6-6 所示。

表 6-6 2014~2020 年中国物流业与制造业融合水平的全局 Moran's I 值、Z 得分、P 值

年份	Moran's I 值	Z 得分	P 值
2014	0.3490	3.6940	0.0000
2015	0.2800	3.0230	0.0030
2016	0.3140	3.3620	0.0010
2017	0.2650	2.8880	0.0040
2018	0.2530	2.8160	0.0050
2019	0.2710	2.9420	0.0030
2020	0.2620	2.8310	0.0050

如表 6-6 所示，2014~2020 年中国"两业"融合发展水平全局 Moran's I 值均在 99% 置信水平上显著，显著性良好，且 Z 值大于临界值 2.58，即在显著性水平 0.01 的条件下可拒绝原假设，且 Moran's I 值为显著正值，这表明中国物流业与制造业发展融合发展水平在空间上存在正相关关系，整体上地区空间分布呈现出集聚效应，即"两业"融合发展水平高的省份与融合发展水平高的省份集聚，融合发展水平低的省份与融合发展水平低的省份集聚。2014~2020 年，全局 Moran's I 值在 0.253~0.349 震荡，说明"两业"融合水平空间分布的集聚性在不断变化。

全局空间自相关仅表明"两业"融合发展水平整体的空间分布特征和集聚态势，为进一步揭示中国物流业与制造业融合发展的空间集聚状况，检验局部 Moran's I 值，得到 2014 年、2017 年和 2020 年"两业"融合水平的局部 Moran 散点图，如图 6-13、图 6-14、图 6-15 所示。

由图 6-13 至图 6-15 可知，2014~2020 年散点图变化不大，可以明显看出位于第一、第三象限的点明显多于第二、第四象限的点，表示空间正相关性显著，即"两业"融合发展水平相似（都高或者都低）的省份趋

向于聚集在一起。整体来看，中国物流业与制造业融合发展主要集中在
"H–H"集聚区和"L–L"集聚区，存在明显的空间溢出效应。

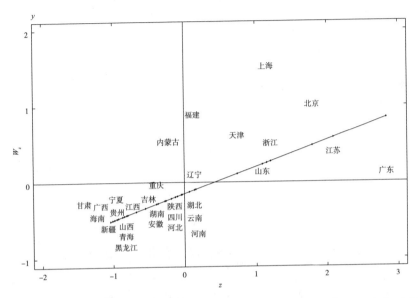

图 6–13　2014 年中国物流业与制造业融合水平的局部 Moran 散点图（Moran's I = 0.349）

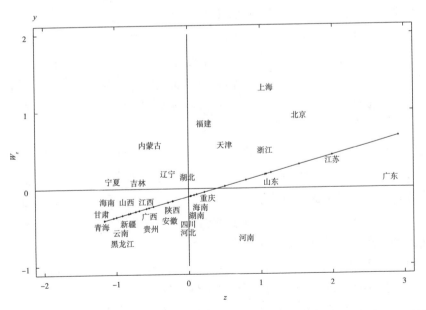

图 6–14　2017 年中国物流业与制造业融合水平的局部 Moran 散点图（Moran's I = 0.265）

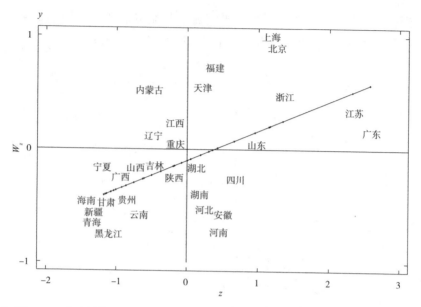

图6-15　2020年中国物流业与制造业融合水平的局部Moran散点图（Moran's I = 0.262）

　　具体来看，2014年位于第一象限的有广东、北京、天津、江苏、上海、浙江、福建、山东、辽宁；位于第二象限的有内蒙古、重庆；位于第三象限的有山西、吉林、黑龙江、湖南、贵州、陕西、甘肃、青海、宁夏、广西、海南、安徽、四川、河北、江西、新疆；位于第四象限的有湖北、云南、河南。2020年相比2014年变化不大，仅有5个省份在相邻象限发生变动：辽宁从第一象限转移到第二象限，江西从第三象限转移到第二象限，河北、四川、安徽从第三象限移到第四象限，其他省份的分布情况不变。

　　位于第一象限中的广东、北京、上海、江苏、浙江、山东、天津、福建等地集中在长三角地区、环渤海地区和东南沿海地区，具有较好的区位优势，这些省份不仅具有优越的自然条件且经济发展较好，物流业和制造业基础设施和产业环境较好。从前期研究来看，其物流业发展水平和制造业发展水平都比较高，自身的"两业"融合水平比较高，其周边省份也是高值，属于"H-H"集聚区，"H-H"集聚带来的正向空间效应，有利于相邻省份相互促进发展，这就形成了良性循环。

　　位于第二象限中的内蒙古自身"两业"融合发展水平不高，但是与其相邻的省份相比其融合发展水平较高，属于"L-H"集聚区。2020年，辽宁随着东北地区经济发展速度降低，物流业与制造业融合发展水平也降低，从"H–H"集聚区落到"L–H"聚集区内。

2014 年位于第三象限的 16 个省份，自身"两业"融合水平比较低，周边省份的"两业"融合水平也比较低，属于"L–L"集聚区，"L–L"集聚区的省份占 60%，大部分集中于中国的西北、西南、东北区域，这揭示出中国"两业"融合发展水平在空间分布上的不均衡性，中国整体"两业"融合发展也将受到极大限制。2020 年，河北、四川、安徽从"L–L"集聚区发展到"H–L"聚集区。

上述统计分析结果也充分反映了中国各省份"两业"融合发展一直存在着正向的空间自相关关系和空间异质性，区域空间集聚特点较为明显，也显示出沿海与中西部地区"两业"融合发展不平衡的现状。

6.3　中国物流业与制造业融合发展的动态演进分析

6.3.1　核密度估计

本节进一步运用核密度估计方法对中国物流业与制造业融合发展的动态演进趋势进行研究。核密度估计方法是描述随机变量分布的一种非参数方法，与参数模型估计相比，该方法完全利用数据本身的特点和性质来拟合分布，不需要借助数据分布的先验知识，能够避免函数形式设定的主观性。核密度估计法用连续的概率密度曲线描述某一随机变量的分布状态，设随机变量 X 的概率密度函数为 $f(x)$，样本 X_1，X_2，X_3，$\cdots$，X_n 独立分布于 $f(x)$，则其核密度估计为

$$f(x)=\frac{1}{nh}\sum_{i=1}^{n}K\left(\frac{X_i-\bar{x}}{h}\right) \tag{6-13}$$

式中，n 为观测值的个数，本节以中国 30 个省、自治区、直辖市（不含香港、澳门、台湾和西藏）为研究对象，因此 $n=30$。h 为平滑参数，也称为带宽。x 为中国物流业或制造业发展综合评价指数或"两业"耦合协

调度均值，$K(\cdot)$ 为核函数，包括高斯核、三角核、*Epanechnikov* 核等，本节选择高斯核函数来估计核密度曲线，其密度函数如下：

$$K(x) = \frac{1}{\sqrt{2\pi}} e^{\frac{-x^2}{2}}$$

（6-14）

6.3.2 中国物流业发展水平的动态演进

采用核密度估计方法分析 2014~2020 年中国物流业综合评价指数的动态演进状态。由图 6-16 可知，中国物流业发展峰值点整体呈现向右移动的趋势，表明各省份物流业发展水平有所提高。核密度曲线主要由 1 个主峰和 1 个侧峰组成，但波宽逐渐缩小，表明中国物流业发展虽然存在极化现象，但各省份间差距有所减小，与前文基尼系数研究结果一致。主峰峰值呈现先减小后增加的波动态势，整体来看峰值小幅下降，30 个省份物流业发展水平呈分散趋势。侧峰峰值增加，主要是由于研究期间四川、江苏、山东等省份制造业综合评价指数大幅提升，发展迅猛，这些发展水平较高的省份在 0.35~0.40 产生了集聚效应。

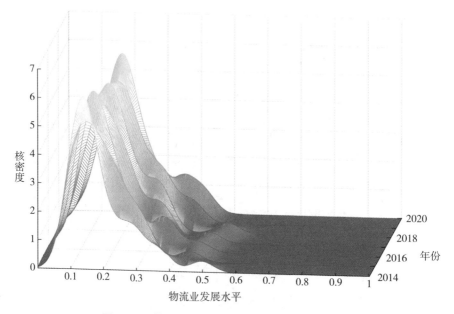

图 6-16　物流业综合评价指数核密度估计示意图

6.3.3 中国制造业发展水平的动态演进

采用核密度估计方法分析 2014~2020 年中国制造业综合评价指数的动态演进状态。由图 6-17 可知，从分布位置来看，中国制造业发展水平不断提高，演变速度较快。核密度曲线逐步向高值区移动，波峰也向右移动，说明制造业发展水平逐步提高。主峰高度有较大幅度下降，说明贵州、甘肃、广西等省份制造业低发展水平集聚的情况有所缓解。此外，波宽逐渐变宽，右拖尾逐年拉长，分布延展性有拓宽趋势，表明各省份制造业发展差距有增大趋势，广东远超其他省份。总的来说，中国省域制造业发展水平在空间分布上表现出明显的非均衡性，两极分化较为突出。

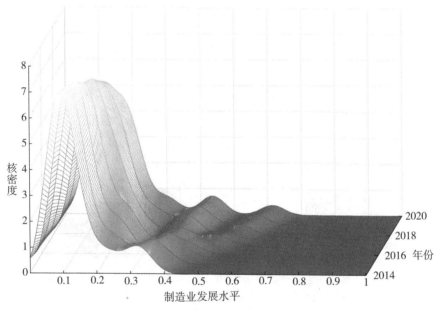

图 6-17　制造业综合评价指数核密度估计示意图

6.3.4 中国物流业与制造业融合水平的动态演进

运用核密度估计方法绘制出 2014~2020 年中国物流业与制造业耦合协调度核密度曲线，如图 6-18 所示。从图 6-18 可以看出，3 条曲线逐步向右高值区移动，核密度曲线的波峰也逐年右移，说明 2014~2020 年中国整体物流业与制造业耦合协调水平逐步提高。从曲线形状看，2014~2020 年

"两业"耦合度均呈现"双峰"模式，主峰明显高于第二峰，说明耦合协调度低的省份远多于耦合协调度高的省份，表明较高水平只有少部分地区集中，而较低水平有大部分地区集聚，"马太效应"明显。这主要是由于北京、上海、浙江、山东等地耦合协调度明显高于其他地区，在 0.5 附近产生集聚效应。广东、江苏耦合协调度一直遥遥领先于其他省份，导致核密度曲线均呈现右拖尾。研究期间，曲线左拖尾现象并未明显改变，表明耦合协调度"低端化"集聚现象没有得到改善，宁夏、新疆、青海、海南等耦合协调度低的地区产生了集聚。整体来看，主峰高度降低，波宽逐渐变宽，从宽峰变为尖峰，表明各省份耦合协调度存在梯度差异，相互间差距有增大趋势。

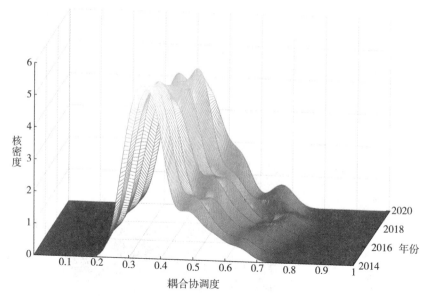

图 6-18   "两业"耦合协调度核密度估计示意图

6.4 本章小结

本章在前文对物流业和制造业发展水平以及"两业"融合水平进行测算的基础上，运用基尼系数及其分解的方法对其区域差异进行分析，运用空间自相关模型对其空间效应进行分析，并通过核密度曲线对其动态演进规律进行研究，主要得到如下结论。

第一，2014~2020 年，中国物流业发展整体基尼系数呈下降趋势，制造业和"两业"融合发展基尼系数小幅上升。

第二，2014~2020 年，中国物流业与制造业发展和"两业"融合发展不协调主要缘于区域间差异，东西部差距最大，东中部次之，中西部最小。

第三，2014~2020 年，中国物流业与制造业融合水平在"H–H"集聚区和"L–L"集聚区存在明显的空间溢出效应，且研究期间各省份分布情况基本稳定，即"两业"融合发展水平相似（都高或者都低）的省份趋向于聚集在一起。

第四，2014~2020 年，中国物流业和制造业发展以及"两业"耦合协调核密度曲线均不断向右移动，"两业"融合发展水平不断提高，但动态演进过程出现了明显的极化效应和低端化集聚现象。

第五，2014~2020 年，中国制造业和"两业"融合核密度曲线波峰降低，波宽增加，说明各省份间差异有逐渐增大趋势，"两业"融合发展不平衡性仍是重要问题，在推动产业经济发展的同时应兼顾区域协调。

第 7 章

中国物流业与制造业
融合发展的机理分析

本章运用系统动力学的方法，借助因果关系图从定性角度明确系统内部存在的复杂关系，构建中国物流业与制造业融合发展系统动力学模型，探究中国物流业与制造业融合发展的机理。

7.1　中国物流业与制造业融合发展系统分析

7.1.1　系统边界确立

物流业与制造业融合发展系统是物流业、制造业这两个子系统融合的必要条件，追求经济效益、社会效益、生态效益、结构优化、技术创新和开放发展的协调统一。考量物流业与制造业融合发展，经济效益是核心追求目标，要促进资源的优化配置，降低成本，进而提高整个产业链的效率和效益，从而实现"两业"融合发展。优化消费者的购物体验和生活品质也是"两业"融合必须达到的目的，要提高社会效益，缩短配送时间和距离，减少交通拥堵和环境污染等问题。在经济效益和社会效益不断发展的同时，也要注重绿色低碳发展，提高生态效益，实现可持续发展和生态保护目标。同时，"两业"融合发展对结构优化也有很大的要求，优化融合结构可以促进物流业与制造业向高端、精细化转型升级，加强城乡之间的协调发展。借助信息技术、人工智能等先进的技术手段，可以实现管理、销售、服务等诸多方面的优化，进而促进"两业"融合发展。另外，国内外企业之间的合作和交流也是非常重要的，可以扩大市场空间，提高竞争力，促进区域经济一体化的进程。但是，这几个方面的优化和改进都需要消耗大量的成本，而且这些因素在短期内并不会对"两业"融合发展产生明显的作用，因此需要借助政策的宏观调控作用来促进"两业"融合的快速发展。未来，"两业"融合发展一定会给中国带来积极的影响，进而促进经济、社会、生态、结构、技术和开放的发展。在高质量发展环境下"两业"融合发展系统边界如图7-1所示，该图可以更好地解释"两业"融合发展模式的内在要求。

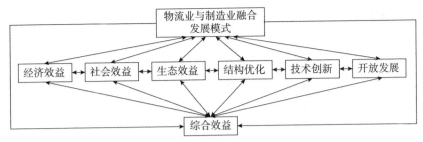

图 7-1 物流业与制造业融合发展系统边界

7.1.2 系统假设

物流业与制造业融合发展模型是一个非常复杂的系统，该模型包括了非常多的主体，也有很多影响物流业与制造业融合发展的因素，因此，为了整个模型的可运行性和可操作性，本章考虑实际情况，构建的物流业与制造业融合发展系统动力学模型主要是由物流业、制造业这两个子系统共同组成的，各个子系统都是根据中国 30 个省、自治区、直辖市（不含香港、澳门、台湾和西藏）为研究对象构建而成。如果将所有因素都包括在内做定量分析，则范围太过宽广，不利于系统的运行和操作，为使模型可以相对准确地表示"两业"融合的实际情况，本章暂时不考虑一些对系统影响较小的因素，只专注研究影响物流业与制造业融合关系的关键因素，确保模型的精确性和科学性。模型是基于以下假设构建的。

第一，本章的研究重点是高质量发展背景下物流业与制造业的融合水平与影响因素，从而对"两业"融合发展区域差异及动态演进规律进行研究。而"两业"融合发展涉及很多领域，同时，物流业与制造业内部之间也有着非常复杂的关系，因此本章暂时忽略了其他产业发展的影响，只分析物流业与制造业融合发展的影响作用。

第二，经过调查研究，得知制造业的快递业务外包量在物流行业和制造行业的发展中都扮演着重要的角色，因此该模型假设随着经济稳步增长、持续繁荣，制造业相应的物流需求会越来越多，向外释放的物流总量也越来越多。

第三，本章以中国 30 个省、自治区、直辖市（不含香港、澳门、台湾和西藏）的相关数据为基础进行研究，在进行仿真模拟时，如果将这 30 个省、自治区、直辖市的数据都进行分析，则与本章研究内容不太相符，

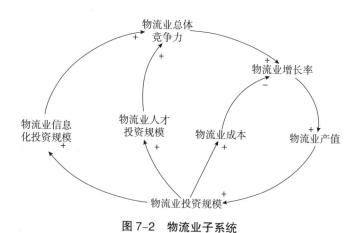

因此，本章选择这 30 个省、自治区、直辖市的平均数作为基础数据进行分析。

第四，本章假设政府对物流业与制造业融合发展的各项政策支持和资金投入一定会带来正面的影响，也就是说，政府各项投入的领域、规模、方式、效益等都是合理有效的。

7.1.3 物流业与制造业融合发展系统因果关系图分析

本章构建的物流业与制造业融合发展系统动力学模型主要是由物流业子系统和制造业子系统两部分共同组成的，各个子系统都是根据中国30 个省、自治区、直辖市（不含香港、澳门、台湾和西藏）的实际情况构建而成的。其中，物流业子系统主要通过改善物流服务、完善物流技术和增加信息化投资建设等因素反映物流业与制造业融合带来的物流服务水平的不断增多，以及这 30 个省、自治区、直辖市社会物流费用的连续减少；制造业子系统主要通过提高制造业的第三方物流外包率、物流成本费用率等因素反映物流业与制造业融合发展对制造业效率提高及产值提升的影响。最终由这两个子系统共同构成了"两业"融合发展系统模型。

7.1.3.1 物流业子系统机理

如图 7-2 所示，物流业子系统中主要包括 3 个重要的因果反馈回路。

图 7-2 物流业子系统

反馈回路 1：物流业投资规模（＋）→物流业成本（＋）→物流业增长

率（−）→物流业产值（＋）→物流业投资规模。

反馈回路 2：物流业投资规模（＋）→物流业信息化投资规模（＋）→物流业总体竞争力（＋）→物流业增长率（＋）→物流业产值（＋）→物流业投资规模。

反馈回路 3：物流业投资规模（＋）→物流业人才投资规模（＋）→物流业总体竞争力（＋）→物流业增长率（＋）→物流业产值（＋）→物流业投资规模。

由以上反馈回路分析可以发现，物流业发展水平越高越能有效地降低实体经济的发展成本、降低物流成本、提高供应链管理效率、促进产业升级、推进制造业高质量发展。在物流业子系统中，物流业的发展意味着其不能停下发展的脚步，而需要大量的成本投入，刺激物流业的发展从而提升物流业的总体竞争力，当然这一因果关系也与高质量发展的要求相符合。物流业高质量发展在带动物流业总体竞争力提高的同时必然需要投入大量的资源，如人力、物料、资金等。因此，物流业必须加大信息化投资规模、人才投资规模以及基础设施规模，才能更好地推动物流业的高质量发展。但是，随着这些方面的投入的增长，物流业的成本也会提高，其结果是，短期内，流入物流业企业的收入降低，物流业的经济效益下降，但是从长期来看，此类投资一定会使物流业的发展更为稳固，从而提高物流业的经济效益，为物流业与制造业的融合发展提供支撑。

7.1.3.2 制造业子系统机理

如图 7-3 所示，制造业子系统中主要包括 2 个重要的因果反馈回路。

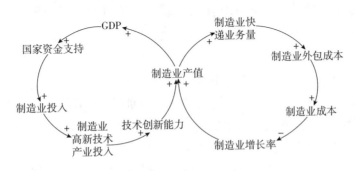

图 7-3　制造业子系统

反馈回路 1：制造业快递业务量（＋）→制造业外包成本（＋）→制

造业成本（+）→制造业增长率（-）→制造业产值（+）→制造业快递业务量。

反馈回路 2：国家资金支持（+）→制造业投入（+）→制造业高新技术产业投入（+）→技术创新能力（+）→制造业产值（+）→ GDP（+）→国家资金支持。

近年来，中国制造业迅猛增长，带动了制造业物流市场的蓬勃发展。从制造业组成结构观察来看，制造业的增长为工业物流需求的稳定恢复提供了强有力的支持。其中，由于制造业投资规模的快速增长，制造业对物流需求的增幅达到了 70% 以上，不难看出其对物流业的支持作用非常明显；而与新动能相关的行业对物流的需求也迅速增加，使其成为高科技制造业的主导力量。物流业与制造业融合发展首先需要做的就是把自己的物流业务转移给第三方物流公司，在这样的运作方式下，制造业企业在物流方面的外包成本会增加，因此在短期内，制造业的增长率不仅不会有很大增长，甚至会下滑，但从长期来看，物流外包会改善制造业的发展环境，因此制造业的发展会得到提升。与此同时，制造业作为国民经济中重要的支柱产业，其产值对国内生产总值（GDP）的贡献非常大。制造业产值的增长可以带动相关行业的发展，促进就业和经济增长，从而对 GDP 的增长产生积极的影响。为进一步推动制造业的升级和发展，增强制造业企业的核心竞争力，国家资金支持可以为制造业企业提供更多的发展机会和资源，在技术创新、设备改造等方面进行扶持。与此同时，对制造业高新技术产业进行投入后，可以提高制造业的技术含量与附加值，增强制造业的核心竞争力，打破同质化竞争局面，促进制造业向智能化、绿色化和高端化转型，从而推动制造业的升级和发展。加强这些方面的投入和能力的培养可以为制造业带来更多的机遇和挑战。

7.1.3.3 物流业与制造业融合发展系统机理

基于上述相关理论和系统动力学的基本原理，对物流业与制造业融合发展系统模型的总体结构进行设计。如图 7-4 所示，物流业与制造业融合发展系统的因果关系图由物流业子系统、制造业子系统两部分构成，通过分析该因果关系图中的重要反馈回路，解释"两业"融合发展的主要因素所起的作用，为中国推进"两业"融合发展提供合理的建议。

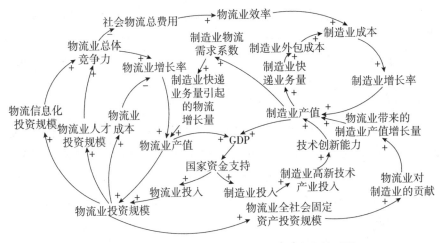

图 7-4　物流业与制造业融合发展系统的因果关系图

如图 7-4 所示，物流业与制造业融合发展系统中主要包括 4 个重要的因果反馈回路。

反馈回路 1：物流业投资规模（＋）→物流业人才投资规模（＋）→物流业总体竞争力（＋）→社会物流总费用（－）→物流业效率（＋）→制造业成本（＋）→制造业增长率（＋）→制造业产值（＋）→制造业物流需求系数（＋）→制造业快递业务量引起的物流增长量（＋）→物流业产值（＋）→物流业投资规模。

反馈回路 2：物流业投资规模（＋）→物流业人才投资规模（＋）→物流业总体竞争力（＋）→社会物流总费用（－）→物流业效率（＋）→制造业成本（＋）→制造业增长率（＋）→制造业产值（＋）→GDP（＋）→国家资金支持（＋）→物流业投入（＋）→物流业投资规模。

反馈回路 3：物流业投资规模（＋）→物流业全社会固定资产投资规模（＋）→物流业对制造业的贡献（＋）→物流业带来的制造业产值增长量（＋）→制造业产值（＋）→GDP（＋）→国家资金支持（＋）→物流业投入（＋）→物流业投资规模。

反馈回路 4：物流业投资规模（＋）→物流业全社会固定资产投资规模（＋）→物流业对制造业的贡献（＋）→物流业带来的制造业增长量（＋）→制造业产值（＋）→制造业物流需求系数（＋）→制造业快递业务量引起的物流增长量（＋）→物流业产值（＋）→物流业投资规模。

物流业与制造业的融合可以优化供应链管理，实现物料、信息和资金的高效流通，从而提升生产效率和产品质量。制造业需要物流方面的帮助来转化商品，而物流业企业通过与制造业进行合作可以充分利用自身的仓储、配送等专业资源来为制造业提供服务，双方都可以共享资源、互相借力。随着物流业企业和制造业企业的融合，生活品质将会有所提升，对优化供应链、降低成本、推动数字化转型、促进可持续发展等方面具有积极影响，有利于加强产业间的互动和合作，使得整个社会更加高效、繁荣。此外，国家也应该对物流业与制造业融合发展提供一定的政策和资金支持，让两个行业的相关企业能够积极主动地优化自身产品和服务，承担相应的社会责任。物流业与制造业融合发展最终会实现相关产业的共赢，符合时代的发展目标。

物流业与制造业融合发展系统的因果关系图主要是用来模拟和预测整个系统的发展规律以及未来发展趋势，在系统假设条件下能够客观反映"两业"融合的情况，但是仍然会有未知的变量存在，不能精准预测未来的发展情况。因此，本章结合中国30个省、自治区、直辖市（不含香港、澳门、台湾和西藏）的相关数据，对系统模型及相关指标进行多次验证和校对，比较模拟结果和真实数据，通过多次仿真和优化，逐渐得到更加优化的模型和方案，进而总结出有价值的经验和规律，为中国在加强"两业"融合发展方面提出相应的政策奠定基础。

7.2 中国物流业与制造业融合发展系统模型分析

7.2.1 中国物流业与制造业融合发展系统模型的构建

物流业与制造业融合发展系统要素间的定性关系可以通过因果关系图来反映，但定量关系的分析需要通过构建系统存量流量图，根据前文构建的中国物流业与制造业融合发展系统的因果关系图，建立中国物流业与制造业融合发展系统存量流量图，如图7-5所示。

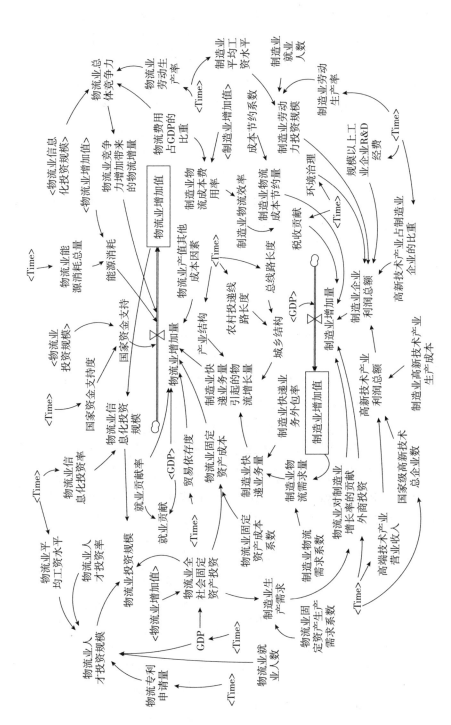

图 7-5　中国物流业与制造业融合发展系统存量流量图

通过观察图 7-5 可以得到以下结论：随着国家资金支持力度的不断上升，以及物流业信息化规模和人才投资规模的不断完善，物流业总体竞争力势必会随着各项指标的增加而不断上升，进而带来物流增量，从根本上改变物流业与制造业融合水平低的发展现状，以适应经济发展的需要，进一步推动物流业与制造业的融合发展。随着制造业加强与物流业之间的进一步融合发展，将会产生更多的物流需求，其具体表现形式为制造业快递业务量的上升，同时推动物流业各节点功能与服务的优化，使整个物流业的服务能力和水平得到提升，以满足制造业的高质量发展，降低企业的物流成本，增加企业的利润来源。物流业在与制造业融合发展的推动作用下，也会在一定程度上降低各项物流费用，减少制造业的物流成本费用，从而给物流业与制造业融合发展提供充分的发展动能。

7.2.2 模型变量表达式

根据系统动力学的建模步骤，在设定 SD 模型的基本假设后，应明确模型内的各项变量。本研究数据来源于中国 30 个省、自治区、直辖市（不含香港、澳门、台湾和西藏）的统计年鉴和《国民经济和社会发展统计公报》，相关参数通过借鉴早期学者的研究成果和实际历史数据计算确定。中国物流业与制造业融合发展系统仿真模型十分复杂，在短期内很难看出系统整体变化趋势。为此，本章从中国物流业与制造业融合发展的实际出发，根据该模式的可行性，将该模式的仿真周期设置为 12 年，即 2014~2025 年，仿真步长为 1 年，采用 Vensim 软件进行仿真模拟，主要模型变量与表达式如表 7-1 所示。

表 7-1 主要模型变量与表达式

序号	变量	表达式
1	GDP	WITH LOOK UP (Time, ([(2014, 0) – (2025, 47549.1)], (2014, 21453.3), (2015, 22963.3), (2016, 24880), (2017, 27733.3), (2018, 30643.3), (2019, 32883.3), (2020, 33786.7), (2021, 38306.7), (2022, 40340), (2023, 42377.2), (2024, 45017.6), (2025, 47549.1)))
2	物流业增加值	INTEG（物流业增加量，1.26821e+010）

序号	变量	表达式
3	物流业增加量	（制造业快递业务量引起的物流增长量＋国家资金支持＋物流业产值其他成本因素－物流业固定资产成本＋物流业竞争力增加带来的物流增量＋（就业贡献率＋贸易依存度－能源消耗）×GDP）/10
4	物流业投资规模	物流业信息化投资规模＋物流业全社会固定资产投资＋物流业人才投资规模
5	物流业固定资产成本	物流业固定资产成本系数 × 物流业全社会固定资产投资
6	制造业增加值	INTEG（制造业增加量，1.0104e+011）
7	制造业增加量	（制造业物流成本节约量＋500× 物流业对制造业增长率的贡献＋制造业企业利润总额＋GDP×（外商投资＋税收贡献））/10
8	制造业快递业务量	制造业物流需求量 × 制造业快递业务外包率

7.2.3　模型参数界定

物流业与制造业融合发展存量流量图主要由四种变量形式组成，分别是状态变量、速率变量、辅助变量和常量。"两业"融合的系统变量如表 7-2 所示，从中可以清楚地看到中国物流业与制造业融合发展系统仿真模型的重要变量。

表 7-2　"两业"融合的系统变量

变量名称	变量类型	量纲
物流业增加值	状态变量	资金单位
制造业增加值	状态变量	资金单位
物流业增加量	速率变量	数量单位
制造业增加量	速率变量	数量单位
GDP	辅助变量	资金单位
物流业对制造业增长率的贡献	辅助变量	资金单位
制造业生产需求	辅助变量	资金单位
制造业企业利润总额	辅助变量	资金单位
制造业平均工资水平	辅助变量	资金单位
制造业劳动力投资规模	辅助变量	资金单位
物流业总体竞争力	辅助变量	资金单位

变量名称	变量类型	量纲
物流业信息化投资规模	辅助变量	资金单位
物流业投资规模	辅助变量	资金单位
物流业人才投资规模	辅助变量	资金单位
物流业全社会固定资产投资	辅助变量	资金单位
物流业平均工资水平	辅助变量	资金单位
物流业能源消耗总量	辅助变量	资金单位
物流业竞争力增加带来的物流增量	辅助变量	资金单位
物流业固定资产成本	辅助变量	资金单位
物流业产值其他成本因素	辅助变量	资金单位
外商投资	辅助变量	资金单位
税收贡献	辅助变量	资金单位
就业贡献	辅助变量	资金单位
环境治理	辅助变量	资金单位
国家资金支持	辅助变量	资金单位
规模以上工业企业 R&D 经费	辅助变量	资金单位
高新技术产业利润总额	辅助变量	资金单位
高端技术产业营业收入	辅助变量	资金单位
高端技术产业生产成本	辅助变量	资金单位
制造业物流需求系数	常量	无量纲
制造业快递业务外包率	常量	百分比
物流业固定资产生产需求系数	常量	无量纲
物流业固定资产成本系数	常量	无量纲
成本节约系数	常量	无量纲
总线路长度	辅助变量	数量单位
制造业物流需求量	辅助变量	数量单位
制造业物流成本节约量	辅助变量	数量单位
制造业快递业务引起的物流增长量	辅助变量	数量单位
制造业快递业务量	辅助变量	数量单位
制造业就业人数	辅助变量	数量单位
物流专利申请量	辅助变量	数量单位

变量名称	变量类型	量纲
物流业就业人数	辅助变量	数量单位
农村投递线路长度	辅助变量	数量单位
国家级高新技术总企业数	辅助变量	数量单位
制造业劳动生产率	辅助变量	百分比
贸易依存度	辅助变量	百分比
制造业物流成本费用率	辅助变量	百分比
制造业物流效率	辅助变量	百分比
物流业信息化投资率	辅助变量	百分比
物流业人才投资率	辅助变量	百分比
物流费用占 GDP 的比重	辅助变量	百分比
能源消耗	辅助变量	百分比
物流业劳动生产率	辅助变量	百分比
就业贡献率	辅助变量	百分比
国家资金支持度	辅助变量	百分比
高新技术产业占制造业比重	辅助变量	百分比
城乡结构	辅助变量	百分比
产业结构	辅助变量	百分比

7.2.4 其他变量

为了更好地分析某些关键影响因素对该模型的机理，本章接下来需要对中国物流业与制造业融合发展系统模型中的一些特殊变量进行分析，主要包括以下 4 个变量。

其一，快递业务外包率。通过快递业务的外包，物流业与制造业可以享受到专业化提升、成本效益、灵活度提升和资源优化配置等福利，从而进一步促进融合发展。

其二，信息化投资规模。信息化投资规模是影响中国物流业与制造业融合发展的一大重要因素，信息化投资能够提升效率、优化供应链能力、推动创新、实现智能化，进而对物流业与制造业的融合发展起积极的推动作用。

其三，国家资金支持。国家资金支持对物流业与制造业融合发展至关重要，它能够刺激投资、优化供应链、拓展市场、建设基础设施，促进产业升级和绿色发展，从而推动物流业与制造业向更高水平迈进。

其四，工资水平提升。工资水平的提升对物流业与制造业融合发展具有积极影响。适当提高工资水平可以激励员工、提高生产效率和质量，并促进技能培训和职业发展，同时减少员工流失和招聘成本，增强行业吸引力和竞争力。

7.3 模型检验

7.3.1 模型有效性检验

将物流业与制造业融合发展系统模型的仿真结果与实际数据进行对比，比较仿真系统模拟值与实际值的吻合程度，以检验模型的有效性。若模拟值与实际值的相对误差在 10% 以内，则可以判定该模型具有良好的有效性，如表 7-3 所示。

表 7-3 模型有效性检验结果（GDP）

年份	实际值（亿元）	模拟值（亿元）	相对误差（%）
2014	22780.95	21453.3	−5.83
2015	24058.05	22963.3	−4.55
2016	25963.95	24880.0	−4.17
2017	28194.31	27733.3	−1.63
2018	30440.99	30643.3	0.66
2019	32787.84	32883.3	0.29
2020	33683.74	33786.7	0.31

通过选取 2014~2020 年中国 GDP 地区平均值数据的模拟值与实际值进行对比分析，从表 7-3 模型有效性检验结果中分析得出中国 GDP 地区平均值的模拟值和实际值的相对误差均小于 6%，从系统动力学模型的模拟仿真结果来看，仿真数值的相对误差在可以接受的范围之内，因此该模

型能真实且有效地反映中国物流业与制造业融合发展的实际情况。

7.3.2 模型敏感性检验

在将该模型用于分析中国物流业与制造业融合发展水平之前，必须对模型的真实性和有效性进行验证，否则最终的分析结论将缺乏说服力。系统动力学模型通常涉及许多相互关联的变量和因素。敏感性分析能够反映各个因素的重要性以及它们对系统行为的影响程度，它对于系统动力学建模是必要的，有助于全面考虑因素的影响、评估策略有效性、发现不确定性和风险、支持决策制定，并增进对系统行为的理解。通过识别和量化不同因素的敏感性，可以了解系统中的关键驱动因素，并在制定策略和决策时考虑到这些关键因素。在分析实际问题时，常常会不可避免地对系统的参数进行调整，从而检验模拟结果与真实情况的一致性。本章选取"物流业增加值"作为敏感性分析的检验指标，该指标包含了诸多要素，是中国物流业与制造业融合发展模型研究的关键指标，故在变动该条件时，可以观测到在极端情况下各变量的变动。中国物流业与制造业融合发展系统模型敏感性检测结果如图 7-6 所示。本章选择快递业务外包率作为该模型冲击变量，对其进行了修正，将快递业务外包率的数值调整为 0，可以发现中国物流业与制造业融合发展系统呈现一种近乎停滞或增长幅度极端缓慢的发展态势，物流效率几乎没有变化，物流业的发展将因此陷入困境。

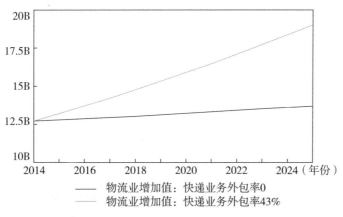

图 7-6 模型敏感性检测结果

7.4　仿真结果解读

利用 Vensim 软件运行存量流量图模型，得到各个测度指标的仿真结果，从物流业与制造业两个方面对仿真结果进行分析。

7.4.1 物流业指标仿真结果分析

从经济效益、社会效益、生态效益、结构优化、技术创新、开放发展六个维度分别对物流业指标进行仿真分析，主要描述物流业全社会固定资产投资、物流业增加值、劳动生产率、快递业务量、就业贡献、物流业平均工资水平、能源消耗、城乡结构、产业结构、物流专利申请量、贸易依存度这 11 个测度指标的仿真结果。

7.4.1.1 经济效益

经济效益维度有明显的增长趋势。经济效益选取的测度指标是物流业全社会固定资产投资、物流业增加值和劳动生产率。

7.4.1.1.1 物流业全社会固定资产投资变化显著，有明显的增长趋势

如图 7-7 所示，根据仿真结果，物流业全社会固定资产投资一直在增长，2014~2025 年，该指标呈线性增长的趋势，仿真结果符合实际情况。

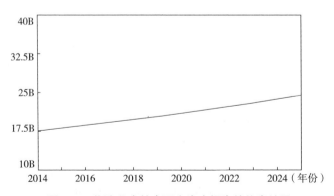

图 7-7　物流业全社会固定资产投资的仿真结果

影响物流业全社会固定资产投资增加的因素有很多，主要包括以下几

个方面：

（1）经济发展水平。只有在国民经济整体稳步发展的情况下，才能给物流业创造更多的市场需求，提供更多的资金支持，从而增加物流业的市场需求和投资机会。

（2）技术水平。技术水平的提高对物流业的发展有极大的促进作用，可以提高物流业的效率和质量，从而增强投资吸引力。随着中国国民经济稳步增长，技术水平不断提升，中国物流业全社会固定资产投资呈现出逐年增长的趋势，仿真结果符合现实。

7.4.1.1.2 物流业增加值呈现逐年增长的趋势

如图 7-8 所示，根据仿真结果，2014~2025 年，物流业增加值一直在稳定增长，仿真结果符合实际情况。

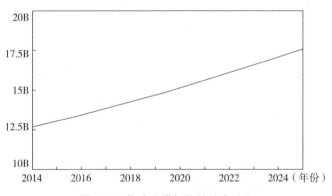

图 7-8　物流业增加值的仿真结果

影响物流业增加值增长的因素有很多，主要包括以下几个方面：

（1）技术创新。物联网、大数据等新技术的广泛应用，可以更好地管理和控制物流过程，提高物流效率和服务质量，从而增加物流业增加值。

（2）市场需求。消费者对物流服务质量、物流速度、安全性等方面的要求不断提高，这将促进物流业企业不断提升商业价值和竞争力。

（3）外贸发展。跨境贸易的发展、政策的投入等都有利于物流业企业增长，从而推动物流业发展。中国近年来大力发展技术创新，加强物流业发展的政策支持，中国物流业增加值稳步上升。仿真结果符合现实情况，未来物流业增加值仍然会以上升的趋势发展。

7.4.1.1.3 劳动生产率呈现持续性增长趋势，中期出现波动

如图 7-9 所示，根据仿真结果，2014~2025 年，劳动生产率持续上升，

但是在 2020 年前后出现波动，仿真结果符合实际情况。

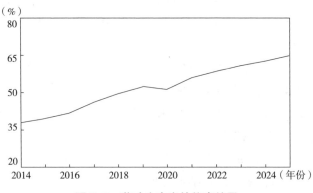

图 7-9　劳动生产率的仿真结果

（1）影响劳动生产率增长的因素。影响劳动生产率增长的因素有很多，主要包括以下几个方面：①技术进步。随着技术水平的提高，生产设备和工具变得越来越先进，信息技术的快速发展也大大提高了生产力水平。②教育水平。人们由于受教育程度的不断提高，可以更好地适应新技术和新工作环境。③资本投资。资本投资可以帮助企业引入新的生产设备、工具，并培训员工使用这些新设备，从而提高生产效率。④政府鼓励。政府对于创新、技术进步和生产力方面的鼓励、支持和保护，可以促进企业创新和融资，从而提高劳动生产率。

（2）劳动生产率波动的原因。劳动生产率在 2020 年前后出现波动的原因可能主要有以下几点：①受到新冠疫情影响。2020 年新冠疫情的暴发导致大规模的企业停产、供应链中断和劳动力不足等问题，这些因素都对劳动生产率产生了不利影响。②技术创新周期波动。一些领域的技术革新和升级通常需要较长时间才能实现，而在此过程中可能会出现一定的波动。③经济周期的波动。在经济衰退期，企业可能会减少投资、裁员或者缩减工资，从而降低了员工的工作动力和积极性，而影响到劳动生产率。中国在 2020 年受到新冠疫情和经济衰退的影响，劳动生产率有所下降，而在 2020 年后政府推行相关就业政策，全社会加大政府补贴，技术水平有所提升，劳动生产率又恢复到平稳增长的状态，仿真结果符合现实情况。

7.4.1.2 社会效益

社会效益维度有明显的增长趋势。社会效益选取的测度指标是快递业务量、就业贡献、物流业平均工资水平。

7.4.1.2.1 快递业务量

快递业务量的仿真结果总体呈指数级增长。如图 7-10 所示，根据仿真结果，2014~2025 年，快递业务量前期增长缓慢，中后期快速增长，仿真结果符合实际情况。

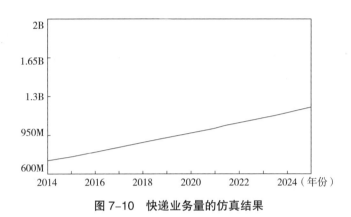

图 7-10　快递业务量的仿真结果

影响快递业务量的因素主要有以下几点：

（1）电商兴起。随着电商业务的快速发展，消费者购物需求的多样化和个性化带来了大量的快递业务。

（2）物流配送服务提升。物流业企业通过技术创新和服务升级，提高快递配送效率和服务质量，从而吸引更多的客户和订单。

（3）生产和供应链改进。制造业在生产和供应链方面的改进，可能需要更快、更及时的物流支持，这也会带来更多的快递业务。随着互联网技术、支付系统和物流配送等环节的不断完善，中国电商业务不断发展壮大，国家统计局数据显示，2020 年，全国网上零售额达 11.76 万亿元。与此同时，物流业企业通过技术创新和服务升级，提高快递配送效率和服务质量，满足了消费者对物流服务质量和效率日益提高的需求。近几年，中国大力推动物流业与制造业的融合，制造业在提高生产效率和降低成本方面实现了飞跃，从而带动了生产规模的不断扩大，这也意味着更多的产品需要投入物流的各个环节中，进一步推动了快递业务量的增长。

7.4.1.2.2 就业贡献率

（1）就业贡献整体呈现缓慢增长的趋势。如图 7-11 所示，根据仿真结果，2014~2025 年，就业贡献是渐进式上升的，在中期有轻微波动。在本章研究中，就业贡献的取值为物流业就业总人数 / 就业总人数。影响就业贡献的因素主要有以下几点：①电商业务增长。随着电子商务的发展，物流业也得到了迅速发展，电商平台对于物流服务的需求量不断增加，从而带动了物流业的就业人数增长。②技术升级和创新。物流业企业通过技术创新和服务升级，提高物流效率和服务质量，从而增加了物流行业的需求和就业机会。③城市化进程加快。随着城市化进程的推进，城市人口密度增大，城市中心区域交通拥堵问题日益严重，这促使许多人选择使用物流快递来解决自己的配送需求。因此，物流行业的就业贡献在不断增加。综上所述，随着中国经济的不断发展和物流需求的不断扩大，物流行业的就业人数有望继续保持稳定增长的趋势。

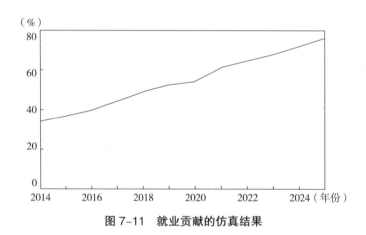

图 7-11　就业贡献的仿真结果

（2）物流业平均工资水平呈现平稳上涨的趋势。如图 7-12 所示，根据仿真结果，该指标在 2014~2025 年都在增长，增长速度的变化不显著。物流业平均工资水平不断增长的原因如下：①劳动力市场需求。随着物流业的快速发展，需要越来越多的专业化、经验丰富的人才，这也对物流业的工资水平产生了一定的影响。②绩效考核机制。许多物流业企业采用绩效考核机制来激励员工，优秀的员工可以获得更高的薪酬奖励，从而提高了整个行业的平均工资水平。③政策支持。政府出台了一些支持措施来提高物流从业人员的待遇和福利，如提供职业培训、实施最低工资标准等。近年来，随着中国电商平台的发展，物流行业的相关配置有所提升，物流业企业不断创新发展，提升自身在行业内的竞争力，政府也大力推行相关政策，这些都为物流业平均工资水平的增长奠定了基础。

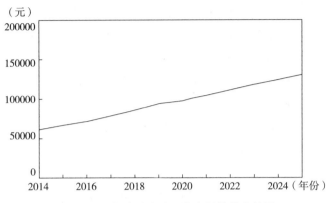

图 7-12　物流业平均工资水平的仿真结果

7.4.1.3 生态效益

生态效益维度选取的测度指标是能源消耗，有明显的下降趋势，但是该指标在向好的方向发展。

能源消耗总量总体呈下降趋势。如图 7-13 所示，根据仿真结果，能源消耗总量在 2014~2025 年逐年下降，预计未来还会呈下降趋势。在本章研究中，能源消耗的值表示为物流业能源消耗总量 / 物流业增加值。

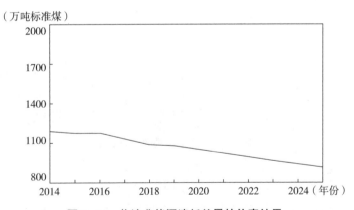

图 7-13　物流业能源消耗总量的仿真结果

影响物流业能源消耗的原因主要有以下几个方面：

（1）节能环保政策的出台。随着全球环境问题的日益突出，许多国家和地区都采取了一系列节能环保政策措施，这些政策措施有助于降低物流行业的能源消耗。

（2）物流业企业技术升级。物流业企业通过技术创新和服务升级，在提高物流效率和服务质量的同时，也可以降低能源消耗。

（3）企业社会责任。一些物流业企业积极履行社会责任，通过资源回收和再利用来减少环境污染和能源浪费等不良影响。综上所述，近年来中国大力推行节能环保政策，各大物流业企业纷纷响应号召，承担社会责任，升级技术，减少浪费，以达到节能减排的目的，这些举措有助于降低物流行业的能源消耗和环境污染程度，也为可持续发展注入了新的动力，预计未来中国物流行业能源消耗将会持续下降。

7.4.1.4 结构优化

结构优化维度有一定变化，但是并不十分显著。结构优化维度选取的测度指标是城乡结构和产业结构。

7.4.1.4.1 城乡结构

城乡结构发生变化，但变化并不显著，一直处于平稳状态。如图 7-14 所示，根据仿真结果，城乡结构一直处于平稳状态，基本上保持不变。

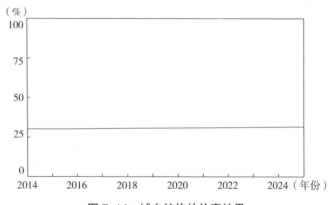

图 7-14　城乡结构的仿真结果

造成城乡结构变化不显著的主要原因如下：

（1）市场需求。虽然城市和乡村的消费能力、经济水平和产业结构有所不同，但是对基本生活产品和服务的需求是相似的，因此物流行业需要覆盖城乡以满足市场需求。

（2）区域差异。城乡地区在区域经济发展、人口密度、交通运输等方面存在明显差异，因此物流业也需要针对不同的区域进行差异化的部署。

（3）政策限制。政府相关政策、法规以及行业标准等，会对物流业的城乡结构产生重要影响，使得整个物流行业发展具有一定的稳定性。

综上所述，物流业的城乡结构相对稳定是由于市场需求、地理环境和政策限制等多方面因素的影响，这些因素相对稳定，并不会发生大的变化，但是随着城市化进程的加快以及新兴业态的发展，物流业的城乡结构也有可能发生相应的调整和变化。

7.4.1.4.2 产业结构

产业结构的仿真结果如图7-15所示。由仿真结果可知，产业结构一直呈现下降趋势，仿真结果符合实际情况。

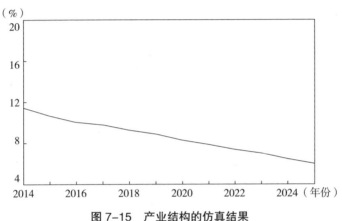

图 7-15　产业结构的仿真结果

在本章研究中，产业结构的值表示为物流业增加值 / 第三产业增加值，影响的因素包括：

（1）电子商务的发展。近年来，随着电子商务的蓬勃发展，越来越多的消费者选择在线购物、网上支付等方式。这种新型消费模式给传统物流业的生产和经营模式带来了极大的冲击，从而导致物流业在第三产业中所占比例逐渐降低。

（2）物流供应链管理技术的普及。随着物流供应链管理技术不断更新和普及，企业在物流运作方面的效率逐渐提高。物流业企业服务水平的提高，同时也会缩短物流环节，从而导致物流业在第三产业中所占比例下降。

（3）社会物流配套设施建设的进步。近年来，城市化和基础设施建设不断推进，交通运输、仓储设施、信息网络等各方面得到了快速发展，使得物流环节更加快捷高效，同时也促进了物流业的发展，但这加速了物流业的自动化和信息化进程，从而导致物流业在第三产业中所占比例下降。

7.4.1.5 技术创新

技术创新维度一直处于变化之中。技术创新维度测度指标是物流专利申请量，该测度指标的仿真结果如图 7-16 所示。

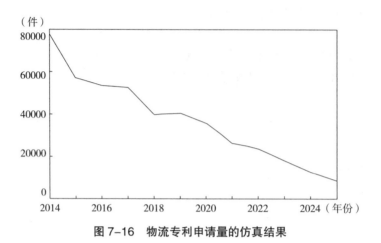

图 7-16　物流专利申请量的仿真结果

由仿真结果可知，物流专利申请量逐年下降。影响物流专利申请量的因素主要包括：

（1）技术成熟度。随着物流技术的不断发展和成熟，相关领域的机器设备、自动化控制、智能配送等方面的技术已经相对稳定，因此物流专利申请量逐渐下降。

（2）专利保护周期。一些先进的物流技术已经拥有专利保护，这使得物流领域的其他企业难以申请类似的专利。在专利保护周期内，该技术不会出现大量新的专利申请。

（3）技术交叉。随着物流领域与其他领域的交叉融合，物流专利的申请将与其他领域的专利申请相结合。例如，物流领域中智能配送的专利申请也会涉及人工智能、机器学习等领域的技术申请，因此对物流专利申请的数量产生了一定影响。

（4）制度变化。一些国家或地区可能修改了专利申请和审批制度，从而导致物流专利申请数量下降。

7.4.1.6 开放发展

开放发展维度一直呈波动式下降。开放发展维度测度指标是贸易依存度，该测度指标的仿真结果如图 7-17 所示。

图 7-17　贸易依存度的仿真结果

由仿真结果可知，贸易依存度整体呈现波动式下降趋势。影响贸易依存度整体趋势的因素主要包括以下几个方面：

（1）国内市场不断扩大。随着中国经济发展水平的提高，国内市场需求不断扩大，特别是在物流行业中，随着快递、电商等新业态的兴起，国内物流市场的规模和需求逐年增加，从而导致贸易依存度下降。

（2）内部消费结构升级。随着居民消费水平的提高和消费结构的升级，人们对于商品质量和服务需求的提高，促使国内物流业更好地满足国内消费者需求，减少了对外贸易的依赖度。

（3）国际市场竞争加剧。国际市场竞争日益激烈，以及贸易保护主义的抬头，使得中国企业将目光转向国内市场，积极开发本土客户。同时，一些先进的外国物流业企业也进入中国市场，加剧了市场竞争，从而促使国内企业降低对外贸易依赖度。

（4）国家政策支持。近年来，为推动国内经济发展和刺激消费需求，政府出台了一系列政策措施，鼓励支持国内企业开拓新兴市场和扩大国内市场份额，从而降低对外贸易依存度。

7.4.2　制造业指标仿真结果分析

从经济效益、社会效益、生态效益、结构优化、技术创新、开放发展六个维度分别对制造业的指标进行仿真分析，主要描述制造业企业利润总额、制造业劳动生产率、制造业平均工资水平、税收贡献、环境治理、高新技术产业占制造业比重、规模以上工业企业 R&D 经费、高端技术产业营业收入、外商投资这 9 个测度指标的仿真结果。

7.4.2.1 经济效益

制造业的经济效益维度有变化，但整体呈上升趋势。制造业经济效益维度选取的测度指标是制造业企业利润总额和劳动生产率。

7.4.2.1.1 利润总额

制造业企业利润总额稍有波动，但是整体呈上升趋势。制造业企业利润总额的仿真结果如图 7-18 所示。

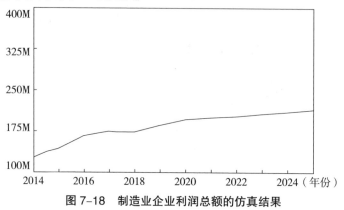

图 7-18　制造业企业利润总额的仿真结果

由仿真结果可知，制造业企业利润总额整体处于上升趋势，但是还存在一些波动变化。影响制造业企业利润总额整体趋势的因素主要包括以下几个方面：

（1）宏观经济环境变化。制造业是国民经济的重要组成部分，受宏观经济环境影响较大。经济周期波动和需求变化等因素可能导致制造业企业利润总额下降，但在一定时间后，随着经济的转好或者需求再度增长，制造业企业利润总额呈现上升趋势。

（2）产业结构调整。随着市场竞争日益激烈，制造业企业面临着产业结构调整和技术升级的压力，一些传统行业的市场份额逐渐萎缩，而新兴行业呈现快速增长态势。对于那些成功实现转型升级并顺应市场发展趋势的企业，利润总额将会上升。

（3）技术创新和管理优化。制造业企业的技术创新和管理优化是影响企业利润总额的重要因素，通过引入新技术、提高设备效率、优化生产流程等措施，能够有效降低生产成本，提高产品质量和生产效率。同时，通过管理优化实现节约成本和效能提升，也有助于企业利润总额的上升。

（4）政策环境。政府对制造业的支持和扶持力度也对企业利润总额的变化有一定影响，相关政策包括产业政策、税收政策、金融政策等。例如，政府出台的减税降费政策可以减轻企业负担，促进企业发展，从而提高企业利润总额。

因此，企业应关注市场动态和政策变化，积极转型升级，提高自身创新能力和竞争力，以适应市场需求和实现可持续发展。

7.4.2.1.2 劳动生产率

制造业劳动生产率一直处于稳定上升趋势，制造业劳动生产率的仿真结果如图 7-19 所示。

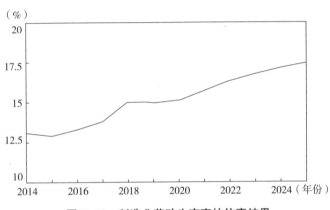

图 7-19　制造业劳动生产率的仿真结果

由仿真结果可知，制造业劳动生产率虽然有较小的下降趋势，但是整体上稳步上升。影响制造业劳动生产率的因素主要包括以下几个方面：

（1）技术革新。随着科技的不断发展，越来越多的高效生产工具被引入制造业中，如机器人自动化、智能控制系统等，使得生产过程更加快捷、高效、精准。

（2）企业管理优化。制造业企业在管理方面也进行了一系列的优化，如生产流程再造、精益生产等。通过优化生产流程，能够降低成本，提高生产效率和质量水平。

（3）教育水平提高。随着教育水平的提高，制造业劳动者的素质也逐渐提高，他们更加懂得如何运用先进的生产技术和设备来提高生产效率。

（4）资本投入增加。制造业需要投入大量的资本来购置机器设备、更新科技、聘请高素质员工等，这些都会促进生产效率的提高。

（5）政府政策支持。政府对制造业的政策支持也是推动制造业劳动生产率上升的重要原因。政府出台了一系列优惠政策和支持措施，如税收减免、技能培训补贴等，这些政策措施推动了制造业企业劳动生产率的提高。

7.4.2.2 社会效益

制造业的社会效益维度整体呈上升趋势。制造业社会效益维度选取的测度指标是制造业平均工资水平和税收贡献。

7.4.2.2.1 制造业平均工资水平逐年增长

制造业平均工资水平的仿真结果如图 7-20 所示。

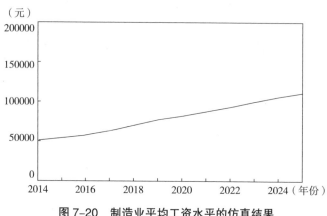

图 7-20　制造业平均工资水平的仿真结果

由仿真结果可知，2014~2025 年制造业平均工资水平一直处于稳步上升趋势。影响制造业平均工资水平的因素主要包括以下几个方面：

（1）市场需求。当市场需求增加时，制造业企业需要增加生产能力以满足需求，提高劳动力数量和质量，从而需要支付更高的工资以吸引和留住优秀的劳动力。

（2）劳动生产率提高。如果制造业企业实施了新技术、新工艺、新设备等措施以提高生产效率和生产率，员工则需要接受培训或改善其他的工作条件，进一步提高专业技能和能力，从而提高平均工资水平。

（3）经济增长。随着经济的发展和制造业的不断升级，市场对制造业劳动力的需求也会增加。在这种情况下，制造业企业会为了留住人才而调整工资水平。

（4）政策支持。政府出台了一系列的产业和就业政策来支持制造业发展，如降低税费、鼓励创新、扶持科技企业、鼓励员工培训等，这些政策有助于提高制造业企业收入和利润，从而促进平均工资水平的提高。

（5）社会变革。随着社会变革和人口结构的变化，制造业劳动力市场规模、性质和需求也在发生改变。

7.4.2.2.2 税收贡献一直在稳步增长

税收贡献的仿真结果如图 7-21 所示。

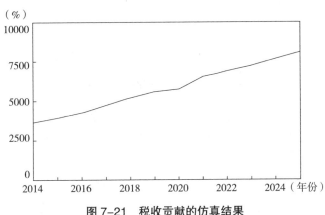

图 7-21　税收贡献的仿真结果

由仿真结果可知，2014~2025 年税收贡献一直呈线性上升趋势。影响税收贡献的主要因素包括以下几个方面：

（1）企业盈利能力提高。随着制造业企业技术水平和管理水平的不断提升，企业的盈利能力也会不断提高，从而产生更多的税收贡献。

（2）投资规模扩大。在市场发展趋势向好的情况下，制造业企业会加大投资，增加生产设备、技术改进以及人员培训等方面的开支，这些投资行为将带动制造业整体规模扩大，促进经济增长和税收贡献增加。

（3）市场需求增加。随着市场需求的增加，制造业企业需要提高生产能力以满足需求，从而增加销售额和利润，带来更多的税收贡献。

（4）全球化趋势。随着全球化的趋势越发明显，制造业企业在全球范围内寻求更多的市场机会和资源。这种趋势加速了国际贸易，同时带动了企业投资扩大规模，增加了其税收贡献。

7.4.2.3 生态效益

生态效益后期持续稳定增长。生态效益测度指标是环境治理，该测度指标的仿真结果如图 7-22 所示。

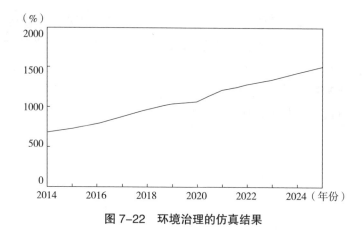

图 7-22　环境治理的仿真结果

制造业通过实施环境保护和可持续发展措施，减少对环境的负面影响，并逐渐实现对环境的积极贡献，因此环境治理作为衡量生态效益的测度指标，呈现持续增长趋势。究其原因主要有以下几个方面：

（1）环保意识的提高。随着社会对环境问题关注度的增加，制造业企业逐渐意识到环境保护的重要性，主动采取节能减排、循环利用等环保措施，以降低环境污染和资源消耗的程度。

（2）技术与创新的推动。制造业在技术和创新方面取得了显著进展，不断研发和应用环保技术，如清洁生产技术、绿色供应链管理等，以提高生产过程中的资源利用效率，减少环境污染物排放量。

（3）环境法规的强化。各国及地区在环境保护领域制定了更加严格的法规，加大了对制造业环境行为的监管力度，采取更严格的环境管理措施，推动企业更加主动地承担社会环境责任。

（4）消费需求的转变。消费者对环保产品和服务的需求不断增长，促使制造业转向绿色、低碳的生产方式和供应链模式，以满足市场需求，并获得竞争优势。

（5）国际合作与经验交流。国际间的合作与经验交流也在推动制造业生态效益的增长。各国共同应对气候变化和环境挑战，通过技术创新和最佳实践的分享，推动全球制造业朝着更可持续的方向发展。

总之，制造业发展过程中生态效益的持续增长是多方面因素的综合结果，包括环保意识的提高、技术与创新的推动、环境法规的强化、消费需求的转变和国际合作与经验交流，这些因素相互作用，推动制造业朝着更加可持续的方向发展，实现了生态效益的连续增长。

7.4.2.4 结构优化

结构优化后期相对稳定增长。结构优化测度指标是高新技术产业占制造业比重，该测度指标的仿真结果如图 7-23 所示。

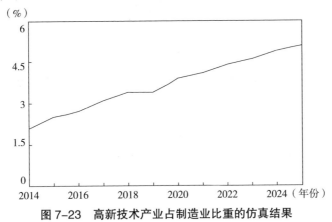

图 7-23 高新技术产业占制造业比重的仿真结果

制造业发展过程中结构优化的持续增长是指制造业不断调整产业结构向高新技术产业转型升级的过程，并且衡量这一趋势的测度指标高新技术产业占制造业比重也呈现增长的态势。这是多因素综合作用的结果，主要包括以下几个方面：

（1）高新技术产业的引领。随着科技的不断进步和创新能力的提升，高新技术产业成为推动制造业发展的重要引擎。制造业通过加大对高新技术研发与应用的投入，推动技术创新和改革，逐渐实现了产业结构的优化。

（2）支持与鼓励。政府积极出台相关政策，鼓励和支持制造业企业向高新技术产业转型升级。其中包括减税降费、财政奖励、科研资金支持等，提供了经济上和资源上的支持，吸引更多企业投入技术领域。

（3）增强竞争力与附加值。高新技术产业通常具有较高的技术含量和附加值，企业倾向于转向这些领域以提升自身竞争力。通过采用高新技术，制造业能够生产出更具创新性、高品质和高附加值的产品，满足日益增长的市场需求。

（4）人力资源和知识储备。高新技术产业要求企业拥有优秀的人力资源和知识储备，在技术研发、科学创新和创业能力方面具备核心优势。因此，为了长期发展、提升竞争优势，制造业企业在组织结构、人才引进和培养方面做出了调整和改善。

（5）国际竞争与合作推动。随着全球化的推进，制造业企业面临着来自国内外的激烈竞争。为了提升竞争力，企业倾向于发展高新技术产业，积极参与国际交流与合作，融入全球价值链和创新网络体系，实现技术、资本和市场的有机融合。

这些因素共同促进了制造业的结构优化，推动了高新技术产业在制造业中的持续增长。

7.4.2.5 技术创新

技术创新有明显的增长趋势。技术创新选取的测度指标是规模以上工业企业 R&D 经费和高端技术产业营业收入。

7.4.2.5.1 规模以上工业企业 R&D 经费呈线性增长趋势

规模以上工业企业 R&D 经费的仿真结果如图 7-24 所示。

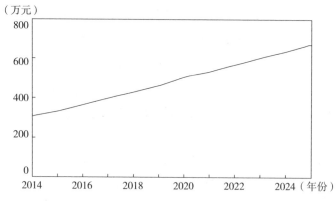

图 7-24　规模以上工业企业 R&D 经费的仿真结果

由仿真结果可知，规模以上工业企业 R&D 经费呈上升趋势，造成这种趋势的原因主要在于：

（1）技术竞争与市场需求。制造业在面对激烈的市场竞争时，为了获取竞争优势和满足不断变化的市场需求，企业加大了对研发活动的投入。

（2）政府支持。政府出台相关政策和措施，鼓励并资助企业进行技术创新和研发，促进制造业的升级转型。

（3）全球化竞争压力。为了在全球范围内更有竞争力，制造业企业需要通过技术创新提高产品质量、生产效率和附加值。

7.4.2.5.2 高端技术产业营业收入呈持续增长趋势

高端技术产业营业收入的仿真结果如图 7-25 所示。

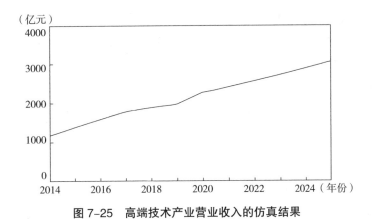

图 7-25　高端技术产业营业收入的仿真结果

由仿真结果可知，高端技术产业营业收入一直在增长，究其原因如下：

（1）技术引领。高端技术产业通常涉及先进的科学技术和独特的知识产权，企业通过技术创新和持续研发，能够提供更高品质、高附加值的产品和服务。

（2）市场需求。随着经济发展和消费升级，人们对高品质、高性能和高科技产品与服务的需求越来越大，推动了高端技术产业的快速发展。

（3）政府支持。政府在高端技术产业领域出台政策支持，包括财政补贴、税收优惠和市场准入等，鼓励企业加大高端技术产业的投资力度。

技术创新在制造业发展过程中的重要性逐年增长，其测量指标规模以上工业企业 R&D 经费和高端技术产业的营业收入可以相互促进和支持。企业增加 R&D 经费投入有助于推动技术创新和知识产权积累，从而提高企业研发能力和技术竞争力。这种技术创新又带动了高端技术产业的发展，提高了产品质量和附加值，进而增加了高端技术产业的营业收入。此外，政府支持和市场需求也是共同推动两个指标呈增长趋势的重要因素，引导和扶持技术创新，鼓励高端技术产业的发展，为企业提供支持和资源保障；而市场需求的快速增长为制造业提供了更大的发展空间和机遇，促使企业加大研发投入、推出更具竞争力和价值的产品。

综上所述，在技术创新和市场需求的推动下，规模以上工业企业 R&D 经费和高端技术产业营业收入均呈现增长趋势。企业投入更多的资源和精力于技术研发，提升了自身的竞争力和创新能力，并通过高端技术产业实现了更高收益和业务增长。政府支持和市场需求的积极作用也为这一趋势提供了有力支撑并在未来可以继续保持。

7.4.2.6 开放发展

开放发展后期将呈下降趋势。开放发展测度指标是外商投资，该测度指标的仿真结果如图 7-26 所示。

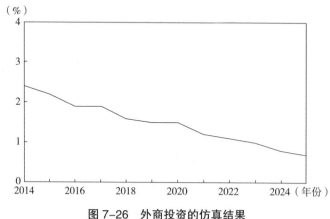

图 7-26　外商投资的仿真结果

由仿真结果可知，外商投资呈现持续下降趋势，即外国企业在制造业领域的投资额呈现逐年递减趋势，究其原因如下：

其一，地缘性贸易摩擦和国际贸易摩擦不断加剧，导致部分国家采取贸易保护主义措施限制外国投资，这些政治和经济的不确定性使得外国企业对于跨国投资持谨慎态度。

其二，调整和综合评估。一些国家可能对外商投资进行调整，以保护本国利益或提升国内企业竞争力，可能通过限制市场准入、增加监管要求等方式来限制外商投资，导致外商投资下降。

其三，经济衰退和市场饱和。某些国家或地区的制造业市场已经饱和，经济增长乏力，这使得外国企业对该国家或地区的制造业市场的投资减少，选择将资源投向更具增长潜力的新兴市场或其他行业。

其四，技术保护和自主创新。一些国家通过减少对外国技术的依赖性，提高自主创新能力，限制外商投资对关键技术和产业的控制，这可能导致外商投资减少，尤其在高新技术领域或受控制的行业。

其五，新冠疫情影响。新冠疫情对全球经济造成了巨大冲击，旅行限制、供应链中断和需求下降等因素使外国企业推迟或取消了一些投资计划，导致外商投资减少。

综合以上分析可知，地缘性贸易摩擦和国际贸易摩擦加剧、调整和综合评估、经济衰退和市场饱和、技术保护和自主创新，以及新冠疫情影响等多种因素都可能导致制造业开放发展呈下降趋势，其测度指标外商投资逐年减少。

7.4.3 关键因素融合仿真评价

通过计算机模拟和预测，对现实世界中的复杂系统进行分析、优化和设计，将模型不断地优化和完善，能够使模型与中国物流业与制造业的融合发展情况更贴合，使预测结果更加准确、更加贴近现实。系统仿真模型可以通过对系统的各个环节进行建模和仿真，预测系统在不同情况下的性能表现。例如，可以预测制造流程中的瓶颈环节，从而采取针对性的措施来优化流程，为企业或组织提供决策支持，帮助管理者更好地理解系统的运转规律和行为特征，从而制定更科学、更有效的决策方案。本章将快递业务外包率、信息化投资规模、国家资金支持、工资水平提升作为政策变量，分别设计几种方案，在不同的方案下对中国物流业与制造业融合发展的动态进行了分析。

构建中国物流业与制造业融合发展模型，该模型的运行时间设定为2014~2025 年，在此基础上，对"两业"融合发展系统在不同情境下的作用进行了仿真研究，并对其产生的影响进行了分析。本章基于优化产业合作渠道、推动信息资源共享、工资水平提升、国家资金支持，通过调整模型中这些变量的参数，对中国物流业增加值和制造业增加值这两个因素进行了分析。Current 强度是以历史的现实数据为基础、以控制的变量为对照，并与其他场景模型进行比较。通过比较四种不同的政策强度的变化趋势来分析特定因素对物流业与制造业融合发展系统模型的影响。

7.4.3.1 优化产业合作渠道

优化产业合作渠道可以帮助企业拓展市场，提高生产效率和产品质量，促进产业转型升级和创新发展。同时，也有利于不同国家和地区之间相互了解和信任，增强国际合作和交流，为实现共同繁荣和发展注入新的动力。优化产业合作渠道情景模拟是以物流业与制造业产业合作为视角，通过制造业的快递业务外包率对"两业"融合的影响进行研究分析，并根据快递业务外包率由弱到强设计了 30%、50%、60%、70% 四种模式。

7.4.3.1.1 快递业务外包率对物流业增加值的影响

快递业务外包率对物流业增加值的仿真结果如图 7-27 所示。

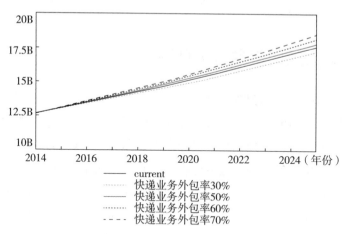

图 7-27　快递业务外包率对物流业增加值的仿真结果

图 7-27 仿真结果显示，快递业务外包率对物流业增加值具有十分重要的影响，制造业的快递业务外包率越高，物流业增加值的提高就越敏感，即快递业务外包率的逐渐提高，对中国物流业与制造业融合有显著的促进作用。原因可能有以下几点：

（1）快递企业具有较强的专业化服务能力，可以更好地满足消费者对速度和品质的需求，提高了物流服务效率和水平，进而推动了物流行业的发展。

（2）通过外包快递业务，物流业企业可以将一部分工作外包给专业的快递企业，降低自身的人力、资金及技术等成本，从而提高企业竞争力和市场份额。

（3）提升营销手段。快递企业拥有完善的营销网络，采用先进的营销手段并积累了丰富的客户资源。借助快递企业的营销优势，物流业企业可以提高自身品牌知名度，进而扩大市场规模和增加产值。

因此，快递业务外包作为连接物流业与制造业之间的重要渠道，对于提升物流行业的服务水平、降低自身的资金及技术成本有很大的促进作用。

7.4.3.1.2 快递业务外包率对制造业增加值的影响

快递业务外包率对制造业增加值的仿真结果如图 7-28 所示。

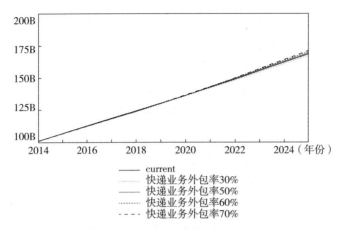

图 7-28　快递业务外包率对制造业增加值的仿真结果

图 7-28 仿真结果显示，快递业务外包率对制造业增加值也有一定的影响力。原因可能在于：

（1）制造业在物流过程中需要依赖快递配送服务，而外包快递业务可以节省物流成本，减轻制造业企业的运营负担，降低制造业企业生产成本。

（2）将快递业务外包给专业的企业，不仅可以提高运输效率和质量，也能够减少未来后续环节中出现的问题，这有助于制造业企业在产品原材料、部件采购等领域增加灵活性和实用性，增强企业的市场竞争力。

（3）外包快递业务有助于制造业企业通过快递企业打造全国性分布网络，扩大销售市场和提升销售收益。

因此，快递业务外包率对制造业增加值的影响要少于对物流业增加值的影响，但是它可以帮助制造业企业降低生产成本、优化销售渠道，进而提升企业竞争力，促进制造业的发展。

7.4.3.1.3　快递业务外包率对"两业"融合的影响

快递业务外包率的提高对物流业与制造业都有比较大的影响，主要表现在以下三个方面：

（1）可以加速物流行业数字化转型。物流业企业借助快递企业的先进技术和信息平台，加速数字化转型，提高物流服务效率和品质，满足制造业企业日益增长的需求。

（2）通过快递业务外包，推动制造业智能化升级。专业的快递企业为制造业企业提供了高效、便捷、精准可控的物流体系，使制造业企业得以在产品设计和研发、生产、销售等各个环节实现智能化升级。

（3）快递业务外包率的提高可以促进物流业与制造业的融合发展，有助于物流业和制造业的合作模式创新，加强两者之间的紧密联系，从而实现产业链的优化和协同发展。快递业务外包有利于拓展"两业"融合发展的深度和广度，在物流资源得到充分利用的同时也提升了制造业效率。

因此，为了提高快递业务外包率，制造业企业应该与快递企业建立长期稳定的合作关系，开展长期战略规划，优化物流供应链管理和数字化转型，增加快递企业的信任度等。通过共同规划和协作，制造业企业和快递企业可以更好地适应市场需求和变化，实现互利共赢的目标，促进物流业和制造业融合发展，提升产业协同效应和增加值水平。

7.4.3.2 推动信息资源共享

信息资源共享对促进物流业与制造业融合发展有着重要的意义。在促进信息共享方面，中国政府付出较大努力与成本来推动物流方面技术的集成，建立了关于物流业的互联网信息平台，实现物流业上游与下游之间信息的合作共享，促进了物流业与制造业生产的发展。本章通过改变对信息化建设的投资支出，实现信息共享的仿真模拟，为此设计了信息化投资规模 10%、20%、30% 三种模式。

图 7-29 和图 7-30 显示了不同程度的信息化建设支出对"两业"融合发展程度的影响。

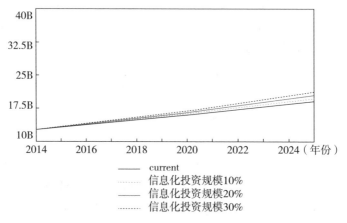

图 7-29　信息化投资规模对物流业增加值的仿真结果

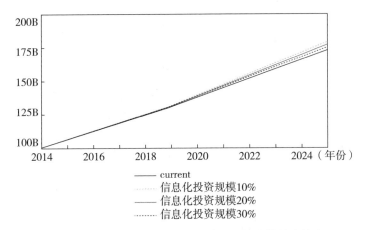

图 7-30　信息化投资规模对制造业增加值的仿真结果

7.4.3.2.1 信息化投资规模对物流业增加值的影响

信息化投资规模对物流业增加值呈现逐年递增并且未来可能一直保持增长的趋势，其原因主要有以下几个方面：

（1）增强了物流业企业的信息处理能力。信息化技术使得物流业企业可以更加高效地处理和管理海量的物流信息，从而提高了信息的精准度和时效性，降低了物流成本，促进了物流行业的发展。

（2）加速了物流业企业的业务创新。信息化技术为物流业企业提供了更多的技术支持和创新思路，帮助企业不断推陈出新，开发新的物流服务和业务模式，为物流行业的增长注入新动力。

（3）优化了物流供应链管理。通过信息化技术，物流业企业可以更好地管理和控制物流供应链的各个环节，实现物流资源的优化配置和再利用，提高了整个供应链的效率和透明度，进一步促进了物流行业的发展。

（4）促进了物流业企业的国际化进程。信息化技术让物流业企业可以更好地把握市场需求和国际化趋势，更加专业地提供国内外物流服务，提高了企业在国际市场的竞争力和影响力，同时也促进了物流行业的国际化进程。

7.4.3.2.2 信息化投资规模对制造业增加值的影响

信息化投资规模对制造业增加值也呈现增长趋势，如图 7-30 所示，其原因主要有以下几个方面：

（1）提高了生产效率。信息化技术可以让制造业企业更加精确地实施生产计划和调度，实现生产过程的自动化和智能化，从而提高了生产效率和生产质量，进一步促进了制造业的发展。

（2）优化了供应链管理。通过信息化技术，制造业企业可以更加全面地理解市场需求和供应链变化，实现物流、采购、库存等环节的有效协调，降低了成本，提高了供应链管理的效率和透明度。

（3）增强了产品研发能力。信息化技术可以为制造业企业提供更多的技术支持和创新思路，帮助企业不断推陈出新，开发新产品、新技术和新工艺，进一步推动了制造业的发展。

（4）促进了企业数字化转型。信息化技术引领着制造业向数字化、网络化和智能化转型，使制造业企业在数字经济时代更具竞争优势。因此，信息化投资规模使得制造业增加值呈现增长趋势并对其产生影响。

7.4.3.2.3 信息化投资规模对"两业"融合的影响

综上所述，信息化投资规模变动对制造业增加值和物流业增加值的仿真结果均呈增长趋势，对物流业与制造业融合发展有着很重要的意义。

（1）提高生产效率。通过信息共享，制造业企业可以得到物流业企业提供的及时准确的物流信息，帮助制造业企业更好地进行生产计划和生产调度，从而提高生产效率。

（2）降低物流成本。物流业企业通过与制造业企业紧密合作，可以根据制造业企业的需求提供优质的物流服务，降低制造业企业的物流成本，并且提高制造业企业的产品竞争力。

（3）促进产业升级。物流业企业可以通过与制造业企业的合作，为其提供更加智能化、精细化的物流服务，不断推动制造业的产业升级。

（4）共同开发市场。制造业企业和物流业企业可以在信息共享的基础上合作拓展市场，在市场营销、新品研发等方面进行合作，共同发掘市场机会，提高品牌知名度和市场份额。

（5）增强竞争力。通过信息共享，物流业企业和制造业企业可以更好地了解市场变化和竞争情况，从而及时调整企业战略和业务模式，增强企业的竞争力。

因此信息共享对于物流业与制造业融合发展至关重要，可以提高生产效率、降低物流成本、促进产业升级、共同开发市场，以及增强竞争力，从而推动两个行业的健康发展。

7.4.3.3 工资水平提升

本节研究通过改变工资水平提升幅度，实现其对物流业与制造业增加值的仿真模拟，为此设计了三种模式：工资水平提升 10%；工资水平提升 20%；工资水平提升 30%。

7.4.3.3.1 工资水平提升对物流业增加值的影响

工资水平提升对物流业增加值的仿真结果如图 7-31 所示。

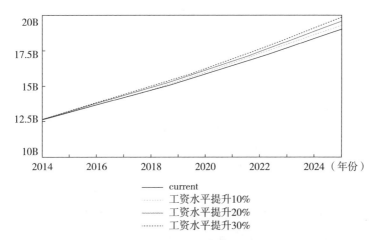

图 7-31　工资水平提升对物流业增加值的仿真结果

图 7-31 仿真结果显示，工资水平提升对物流业增加值呈现逐年递增并且未来可能一直保持增长的趋势，其原因主要有以下几个方面：

（1）物流业的专业技能需求增加。物流业具有复杂的供应链和运输网络，需要专业人才进行协调和管理，随着全球贸易的增加和供应链的复杂化，物流业对高素质、高技能的员工的需求也增加。因此，物流业更愿意支付较高的薪资来吸引和留住高素质的人才。

（2）运输和仓储技术的发展。物流业受益于技术的进步，在运输、仓储和运作方面实现了更高效率和更低的成本。技术的应用减少了人力资源的使用需求，从而控制了劳动力成本的上涨。

（3）物流成本的关注与管理。企业越来越重视物流成本的控制和优化，以提高整体供应链的效率。由于物流成本在总体成本中所占比例较大，企业会利用技术和管理手段来降低成本，包括节约劳动力成本。因此，工资水平的提升可能受到物流业企业的关注和管理，从而对物流业增加值呈现增长趋势产生影响。

7.4.3.3.2 工资水平提升对制造业增加值的影响

工资水平提升对制造业增加值也呈增长趋势，如图 7-32 所示。

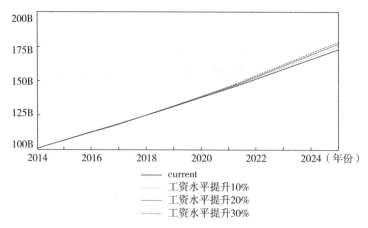

图 7-32　工资水平提升对制造业增加值的仿真结果

工资水平提升对制造业增加值产生影响的原因主要有以下几个方面：

（1）技术升级与劳动生产率提升。随着技术的进步和应用，制造业越来越依赖自动化、机器人和数字化技术等高效生产方式，这些技术的引入提高了生产效率和劳动生产率，减少了对劳动力的需求，从而抑制了劳动力成本的上涨，使得工资水平提升对制造业增加值有利。

（2）劳动力市场竞争压力。制造业在全球范围内面临着激烈的竞争，不断控制成本是企业保持竞争力的重要策略之一。当劳动力市场竞争激烈时，企业会更加注重提高生产效率和降低成本，以保持或扩大利润，这可能限制工资水平的上涨，从而促使制造业增加值的增长。

（3）产业转移与供应链优化。出于成本考量，许多制造业企业选择将生产转移到劳动力成本相对较低的国家或地区。这种产业转移的趋势可以降低整体劳动力成本，并在全球范围内优化供应链，为制造业增加值的增长提供支持。

7.4.3.3.3 工资水平提升对"两业"融合的影响

综上所述，工资水平提升对制造业增加值和物流业增加值呈现增长趋势，其对"两业"融合发展的作用如下：

（1）提高生产效率和降低成本。随着工资水平的提高，企业更倾向于寻求有效的成本控制和资源优化。"两业"融合可以实现供应链的紧密协调和高效运作，从而降低生产成本、缩短生产周期和提高生产率。

（2）优化供应链管理。物流业负责原材料和产品的运输、仓储和配送，而制造业涉及产品的生产和加工过程，通过融合，两者可以共享关键信息、整合资源和技术知识，优化供应链管理，实现生产和物流的无缝衔接，降低库存风险和增加供应链的可靠性。

（3）满足定制化与个性化需求。高工资水平使企业更注重满足客户的定制化和个性化需求，物流业与制造业融合可以提供快速、灵活的供应链和定制化的生产能力，帮助企业响应市场变化，满足个性化需求，扩大市场份额。

（4）加强创新和技术发展。物流业与制造业融合发展能够促进创新和技术的交流和共享。随着工资水平的提高，企业更愿意加大研发投入和引进先进技术，以提升生产效率和物流效率，共同推动物流数字化转型，实现智能供应链和智能制造的持续发展。

此外，工资水平的增长引起了对环境及社会责任的更高关注。物流业与制造业融合发展可以推动可持续发展，通过优化物流网络、节约能源和资源、减少碳排放等措施，降低整个价值链的环境影响，提高社会形象，并满足消费者对可持续性的需求。

总之，工资水平的提升可以促进物流业与制造业融合发展，提高生产效率、优化供应链、实现定制化、促进创新和技术发展，以及推动可持续发展等因素，都可以在融合的背景下发挥作用，从而打造更紧密、更高效、更有竞争力的物流和制造价值链。

7.4.3.4 国家资金支持

国家资金支持能够推动企业进行技术创新、优化供应链管理，对中小企业进行扶持，以及加强人才培养和技能提升。这些举措将有助于提升整体产业水平、促进经济增长，实现物流与制造业协同发展。因此，根据国家资金支持度由弱到强，设计了三种模式研究其对物流业增加值和制造业增加值的影响，分别为国家资金支持度在原有基础上提升 10%、国家资金支持度在原有基础上提升 20%、国家资金支持度在原有基础上提升 30%。

7.4.3.4.1 国家资金支持对物流业增加值的影响

现代物流业一头连接生产，一头连接消费，高度集成并融合运输、仓储、分拨、配送、信息等服务功能，因此，实现物流业的可持续发展不仅需要完善物流枢纽和物流通道，还要对配套服务进行持续改进，但部分领域物流成本高、效率低等问题突出，物流费用过高，不仅直接影响物流业的健康发展，而且会提高制造业成本，对"两业"融合造成一定的负面影响。因此，对于物流业来说，国家资金支持不仅能够有效缓解物流业企业成本过高的情况，还能支持专业化、社会化物流业企业发展，支持物流基础设施建设，降低流通费用等，促进物流业健康发展。

如图7-33所示，国家资金支持力度不断加大，物流业增加值呈现不断上升趋势，这表明，物流业在财政、投资、补贴等方面都需要政府的资金扶持。首先，传统金融机构满足的物流业企业的贷款融资不足10%，尤其是公路运输公司由于规模较小、位置分散，传统金融机构对其贷款需求的满足不到5%。物流业企业面临在"轻资产"运营模式下融资困难，在金融市场中缺乏场景化的物流金融产品，在供应链金融发展中受到监管严格制约等诸多问题，并一直制约着物流业的发展。因此，应在物流运行可视、可控的基础上，加强对优质物流业企业的金融支持，促进物流行业的高质量发展。其次，政府应合理调配专项资金，扶持交通运输、仓储物流以及邮政快递等行业，降低其融资成本。物流基础设施建设作为物流业的基础保障，需要大量的资本投入，国家应加强对物流枢纽、骨干冷链物流基地等重大物流基础设施建设的支持，充分利用中央预算内投资和地方政府债券等资金渠道。

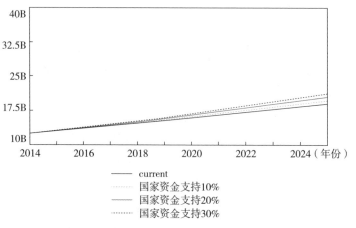

图7-33　国家资金支持对物流业增加值的仿真结果

7.4.3.4.2 国家资金支持对制造业增加值的影响

先进制造业技术创新性强、产业融合度高，具有高投入、高风险、高收益、长周期等特征，对金融发展提出更高要求。当前，中国先进制造业面临资金需求多元化与融资渠道不匹配、资金需求长期性与融资期限不匹配、金融服务需求与供给不匹配等问题，亟须引起高度重视。下文通过加大国家资金支持力度，研究其对制造业增加值的影响。

如图 7-34 所示，当国家资金支持系数不断提高时，制造业增加值呈不断上升趋势，这表明国家资金支持可提高制造业增加值。首先，目前先进制造业的资金需求多元化与融资渠道不匹配。与传统制造业相比，先进制造业企业更依赖研发投入与技术创新，需要多样化的融资渠道支持。其次，资金需求长期性与融资期限不匹配。与传统制造业相比，先进制造业具有科技含量高、研发周期长、技术迭代快、盈利模式和市场格局不稳定等特征，需要风险承受能力较高的长期投资。最后，金融服务需求与供给不匹配。与传统制造业相比，先进制造业具有专业性强、产业融合度高等特点，对金融服务的需求更加强调"一揽子""一站式"等综合服务。

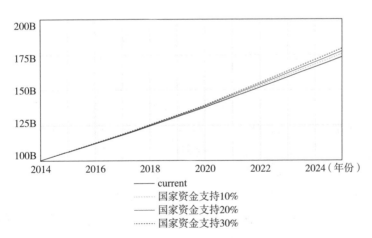

图 7-34　国家资金支持对制造业增加值的仿真结果

7.4.3.4.3 国家资金支持对"两业"融合的影响

总的来说，国家资金支持可以提供经济支持，鼓励企业增加投资和创新。这将促使物流业与制造业采用先进技术、设备和管理方法，提高产品质量、生产效率和服务水平。①资金支持有助于优化物流业与制造业的供应链和产业结构，通过资金引导，企业能够进行整合、升级和改造，推动供应链的协同发展并优化配置资源，提高整个产业链的竞争力和效率。②国家资金支持可以帮助物流业与制造业扩大市场份额和国际市场竞争力，资金投入可用于市场开拓、品牌建设、国内外营销等方面，加强企业在国内外市场的优势。③强大的资金支持可以加快建设现代化的港口、公路、铁路等交通基础设施，提供高质量的物流仓储和分拣中心，能够有效地支持物流业与制造业的融合发展。④国家资金支持可以推动物流业与制造业的产业升级和绿色发展，通过资金投入，推广节能减排技术、绿色制造和循环经济模式，促进生产方式转型升级，实现可持续发展。

7.5 物流业与制造业融合发展的机理总结

通过本章及前文分析得到物流业与制造业融合发展的机理，如图 7-35 所示。

图 7-35 反映了"两业"融合发展不同阶段的发展过程。在联动阶段，物流业与制造业基于彼此间的联系，通过管理理念创新、联动意识加强和产业结构调整等手段，实现优势互补、合理分工，是"两业"融合的启动阶段。在融合阶段，物流业与制造业通过战略合作、模式合作和业务合作等方式加深合作程度，在整个供应链中互相渗透、协同发展。在深度融合阶段，"两业"融合更加深入，形成利益共同体，此阶段的物流业与制造业在深度融合的基础上寻求高质量和创新发展，如科技赋能激发创新活力、人才培养助力产业发展及数字化水平助推产业转型升级等，出现了更多的融合发展模式，"两业"融合也更具发展活力。

内部推动者包括高层管理者、中层管理者、基层管理者和一线员工，外部推动者包括第三方专家团队、国家资金支持及外商投资，两个主体共同协作应用于优化产业合作渠道、推动信息资源共享、提升就业人员工资水平以及国家加大资金支持力度等方面，使得物流业与制造业增加值得到提高。综上所述，经过以上三个阶段及两个主体的共同作用，可以实现物流业与制造业高质量融合发展。

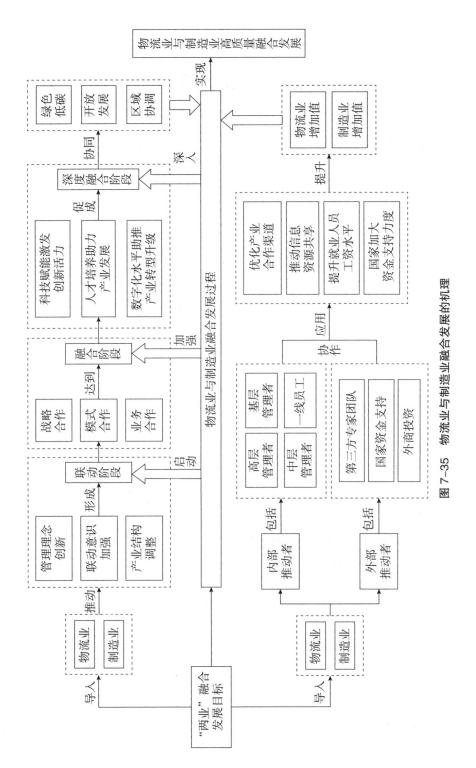

图 7-35　物流业与制造业融合发展的机理

7.6 本章小结

本章从系统动力学视角探究中国物流业与制造业融合发展的关系，先借助因果关系图从定性角度明确系统内部存在相互推动、相互促进的复杂关系，然后构建中国物流业与制造业融合系统动力学模型，加以仿真模拟，验证了模型的真实性和有效性，通过对仿真结果进行解读分析，主要得出以下结论。

第一，快递业务外包率的提高对"两业"发展都有比较大的影响，它可以提升物流效率，加速物流行业数字化转型，制造业企业通过快递业务外包，推动制造业智能化升级，促进物流业与制造业的深度合作与融合发展。

第二，信息化投资规模的提升对"两业"的增加值都有积极的推动作用，信息共享对于物流业与制造业融合发展至关重要，可以提高生产效率、降低物流成本、促进产业升级、共同开发市场以及增强竞争力，从而推动两个行业的健康协同发展。

第三，工资水平的提升在提高生产效率、优化供应链、实现定制化、促进创新和技术发展，以及推动可持续发展等方面发挥着重要作用，能够打造更紧密、更高效和更有竞争力的物流业与制造业价值链，促进"两业"融合发展。

第四，国家资金可以提供经济支持，鼓励企业增加创新投资，有助于优化"两业"的供应链与产业结构，可以加快建设现代化的物流基础设施，提供高质量的物流仓储和分拣中心，推动物流业与制造业绿色发展，促进其生产方式转型升级，实现"两业"融合的持续发展。

第 8 章

中国物流业与制造业融合发展的组态路径分析

本章以前文测算出的"两业"融合水平为结果变量，以能源消耗、技术创新、数字化水平、出口依存度、产业结构为条件变量，运用组态思维的模糊集定性比较分析（fsQCA）方法探究内外部因素作用于中国"两业"融合水平的机制和路径。

8.1　影响因素理论模型构建

本章通过整理和借鉴相关研究成果，分别从内部机制、外部环境两个维度确定"两业"融合发展的影响因素，并结合经济新常态和产业链新动向，构建了影响"两业"融合水平的理论模型框架，如图 8-1 所示。

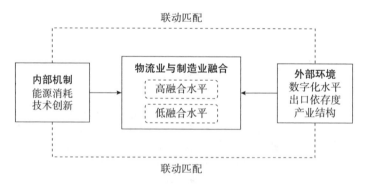

图 8-1　"两业"融合水平的理论模型框架

8.1.1　内部机制

内部机制包括能源消耗和技术创新两个二级条件。

8.1.1.1 能源消耗

低碳发展为"两业"融合提供助力。2022 年 11 月，国际采购与供应管理联盟世界峰会在印度尼西亚巴厘岛举办，提出绿色低碳、可持续发展是全球供应链未来的发展趋势。这也意味着衡量产业发展水平的标准不再只着眼于规模、效益，而是兼顾其对低碳发展的承诺，关注其所承担的社会责任与治理能力。在"双碳"背景下，物流业与制造业需加快优化产业结构，推动绿色技术创新，以低碳、高效、安全、清洁为宗旨建立能源体系，才能长远、稳健地实现"两业"融合。降低能源消耗量，是实现物流业与制造业可持续发展的重要抓手。因此，本章将能源消耗作为"两业"融合发展的一个内部因素。

8.1.1.2 技术创新

技术创新是助推产业转型升级的根本动力，也是推动产业链重组趋势的关键因素。依据前文"两业"融合发展测度研究，物流业与制造业评价指标体系中创新驱动因素占比均较高。物流业发明专利单项权重占19.72%，制造业研发投入、创新产出合计占比超过37%。目前，"工业4.0"和"智能制造"助推制造业向高新技术产业发展。作为制造业的物流业务支撑，第三方物流业企业更需要不断提高技术水平。人工智能、云计算、5G等先进技术为"两业"发展提供新兴动力，新一代信息技术加速产业创新升级和深度融合。田强等（2022）通过地理探测器模型得出地区创新能力对"两业"协调发展发挥正向促进作用。因此，本章将技术创新作为"两业"融合发展的内部因素。

8.1.2 外部环境

8.1.2.1 数字化水平

外部环境包括数字化水平、出口依存度和产业结构三个二级条件。

产业数字化转型是经济发展的重要趋势。党的二十大报告指出，加快发展数字经济，促进数字经济和实体经济深度融合。产业转型升级和数字经济的发展将为中国发展带来新的机遇，供应链数字化能够促进产业发展中的创新研发和技术投入，通过应用互联网技术打造信息共享平台，建立信息网络系统全面覆盖产业节点，能够更好地协调控制信息流、资金流、物流，使得上下游企业之间、产业与产业之间形成通过数字链接的利益共同体，对物流业与制造业深度融合具有重要的推动作用。因此，本章将数字化水平作为一个创新指标纳入"两业"融合水平的外部因素。

8.1.2.2 出口依存度

高质量对外开放是应对全球产业链冲击和贸易摩擦的重要举措。依据前文"两业"融合发展测度研究，物流业与制造业评价指标体系中对外开放因素所占比重都较大。在新发展格局下，"一带一路"倡议搭建起连通沿线国家和地区的物流大通道，为贸易流通和开放发展带来了新的机遇。对外开放能够为物流业与制造业发展吸引优势资源和先进技术，推动国内外产业前沿交流互鉴。出口作为拉动国民经济增长的"三驾马车"之一，是对外开放的主要体现。一个国家或地区的出口依存度越高，则其国民经济与世界经济活动的联系越紧密，有利于实现生产要素的充分利用，也意味着能够为"两业"融合发展提供更加开放的环境和更多元的发展机会。因此，本章将出口依存度作为"两业"融合发展的一个外部因素。

8.1.2.3 产业结构

产业结构能够体现出经济发展的健康程度，合理的产业结构能够为经济增长提供更多的活力，同时也能够为物流业与制造业融合发展提供更好的发展环境。田强等（2022）以第三产业增加值占地区生产总值的比重来衡量地区经济结构的合理性，并用地理探测器模型分析得出第三产业占比越高，对"两业"的融合发展促进作用越明显。尤其是近年来，在供给侧结构性改革的引导下，各地积极转向新发展模式，优化产业结构，创新驱动战略实施进程加快，不断促进物流业与制造业转型升级。因此，本章将产业结构作为影响"两业"融合发展的一个外部因素。

8.2 定性比较分析法

本章运用以集合论为基础的定性比较分析（QCA）方法，从组态视角出发分析物流业与制造业融合发展的多元复杂机制。这主要基于以下考虑：

第一，"两业"融合发展模式较为复杂，影响因素之间的独立性难以实现。与传统定量方法分析"净效应"不同，QCA方法从系统视角出发，研究条件变量对结果变量的多重并发效应，能够有效解释多个组合路径的差异化影响机制。

第二，各省份促进"两业"融合水平的多元化路径表明，可能存在多条实现期望结果的等效路径。QCA方法能够输出导致结果变量的不同组态路径，这些路径互不矛盾且具有完全等效性，解释了不同案例"殊途同归"的结果。因此，本章采用QCA方法明显优于传统回归分析方法。

第三，本章以中国 30 个省、自治区、直辖市（不含香港、澳门、台湾和西藏）为分析样本，未达到传统计量分析的要求。而 QCA 方法是以案例为导向，分析结果也主要受案例代表性的影响，对于省级层面的中小样本来说更为适用。此外，QCA 方法的最合理条件数为 4~7 个，本章从内外部影响因素考虑共选取 5 个条件变量，处于最合理范围内。

第四，QCA 方法可划分为三种，即清晰集定性比较分析（csQCA）方法、多值集定性比较分析（mvQCA）方法和模糊集定性比较分析（fsQCA）方法，其中 csQCA 方法和 mvQCA 方法适用于分类变量的研究，而本章选取的条件变量和结果变量均具有连续性，因此使用 fsQCA 方法。

8.3　变量选取及校准

本章在前文研究的基础上，以中国 30 个省、自治区、直辖市（不含香港、澳门、台湾和西藏）2014~2020 年物流业与制造业平均融合水平为结果变量，在影响"两业"融合的因素方面，选取内部机制和外部环境两方面共五个要素进一步研究"两业"融合发展的组态路径。

条件变量的设定如下。

其一，能源消耗：以物流业和制造业能源消耗总量为指标。单位：万吨标准煤。

其二，技术创新：以国内发明专利授权量为指标。单位：项。

其三，数字化水平：以北京大学数字普惠金融指数为指标。该指数由普惠金融数字化程度、数字金融使用深度、数字金融覆盖广度三个维度的指标进行加权平均得到。这套数字金融指数自 2016 年发布以来逐渐得到了学术界的广泛关注和使用。

其四，出口依存度：以出口贸易额/地区生产总值进行测算。单位：%。

其五，产业结构：用第三产业增加值/地区生产总值来衡量。单位：%。

相关研究数据均来自各省份统计年鉴及《北京大学数字普惠金融指数》。本部分所用数据为各变量统计指标 2014~2020 年的平均值。

进行 fsQCA 之前要先对各类变量进行校准，即将原始数据转化为介于 0~1 的模糊隶属度。结合文献和变量的实际含义，本章使用直接校准法进行校准，参考 Rihoux 和 Ragin（2009）的研究，将变量的 3 个锚点，即完全隶属点、交叉隶属点、完全不隶属点分别设为样本数据的 0.95、0.50、0.05 分位数。此外，因为能源消耗量是一个反向指标，所以需要反向校准。由于校准后变量出现 0.5 的案例将不被纳入系统计算，本章参照现有研究，将值为 0.5 的变量均减去 0.01，避免遗漏个别案例。最终得到各变量 QCA 模糊集校准锚点以及校准结果，如表 8-1、表 8-2 所示。

表 8-1　QCA 模糊集校准锚点

	变量	指标解释	完全隶属	交叉点	完全不隶属
结果变量	"两业"融合水平	"两业"耦合协调度	0.5780	0.3873	0.3045
条件变量	能源消耗	物流业和制造业能源消耗总量	2441	8275	25008
	技术创新	国内发明专利授权量	41337	5251	512
	数字化水平	北京大学数字普惠金融指数	325	261	240
	出口依存度	出口贸易额 / 地区生产总值	0.4139	0.0755	0.0214
	产业结构	第三产业增加值 / 地区生产总值	0.6418	0.4785	0.4322

表 8-2　QCA 模糊集校准结果

省份	"两业"融合水平	能源消耗	技术创新	数字化水平	出口依存度	产业结构
北京	0.93	0.94	0.96	0.96	0.66	1.00
天津	0.73	0.78	0.46	0.75	0.73	0.86
河北	0.61	0.05	0.39	0.15	0.39	0.11
山西	0.10	0.17	0.14	0.26	0.17	0.66
内蒙古	0.31	0.16	0.06	0.17	0.04	0.24
辽宁	0.49	0.24	0.53	0.52	0.60	0.60
吉林	0.18	0.86	0.17	0.11	0.05	0.19
黑龙江	0.06	0.59	0.33	0.12	0.08	0.68
上海	0.88	0.53	0.77	0.97	0.96	0.98
江苏	0.97	0.04	0.94	0.84	0.87	0.60
浙江	0.88	0.20	0.88	0.94	0.94	0.70

省份	"两业"融合水平	能源消耗	技术创新	数字化水平	出口依存度	产业结构
安 徽	0.60	0.43	0.67	0.58	0.52	0.06
福 建	0.65	0.42	0.55	0.84	0.80	0.07
江 西	0.31	0.68	0.14	0.49	0.58	0.04
山 东	0.88	0.01	0.76	0.59	0.66	0.53
河 南	0.71	0.17	0.53	0.46	0.45	0.06
湖 北	0.62	0.35	0.61	0.71	0.28	0.26
湖 南	0.57	0.64	0.55	0.28	0.24	0.53
广 东	0.99	0.08	0.97	0.82	0.97	0.72
广 西	0.15	0.76	0.29	0.28	0.57	0.08
海 南	0.04	0.97	0.05	0.62	0.30	0.81
重 庆	0.54	0.58	0.51	0.60	0.72	0.60
四 川	0.63	0.24	0.61	0.49	0.51	0.49
贵 州	0.14	0.76	0.10	0.06	0.10	0.32
云 南	0.14	0.49	0.12	0.17	0.30	0.48
陕 西	0.53	0.49	0.57	0.54	0.37	0.03
甘 肃	0.03	0.88	0.07	0.04	0.07	0.68
青 海	0.06	0.61	0.04	0.02	0.04	0.15
宁 夏	0.08	0.54	0.05	0.11	0.26	0.36
新 疆	0.07	0.43	0.06	0.07	0.57	0.29

8.4　单个条件的必要性分析

必要条件是指被解释变量发生时一定存在的条件变量。由于在之后的分析中，真值表中存在的必要条件极有可能会被归为"逻辑余项"而去除，使重要条件被过度简化。因此，应进行必要性检验，从而判断条件变量中是否包含导致结果变量的必要条件。运用 fsQCA 软件，以高融合水平和低融合水平为结果，验证各个条件的必要性，输出结果如表 8-3 所示。

表 8-3　单个条件的必要条件分析

条件变量	高融合水平		低融合水平	
	一致性	覆盖度	一致性	覆盖度
能源消耗	0.5432	0.5351	0.7220	0.8061
~能源消耗	0.8134	0.7084	0.5936	0.6015
技术创新	0.8389	0.8572	0.3976	0.4976
~技术创新	0.5338	0.4328	0.8378	0.7918
数字化水平	0.7501	0.8296	0.4298	0.5106
~数字化水平	0.5216	0.4406	0.8302	0.8134
出口依存度	0.7841	0.8053	0.4671	0.5456
~出口依存度	0.5482	0.4697	0.7449	0.7406
产业结构	0.6483	0.6823	0.5012	0.6126
~产业结构	0.6319	0.5217	0.7400	0.7096

根据各变量的一致性水平可判定是否为必要条件，参考 Ragin 等（2006）的研究和主流做法，如果一致性水平超过 0.9，则判定该条件为必要条件。根据表 8-3，各条件变量一致性均低于 0.9，则认为 5 个变量均不是"两业"高融合水平和低融合水平的必要条件，再次证明"两业"融合水平不是由单一因素决定的，而是受多个因素影响，还需进行条件组态的充分性分析。换句话说，"两业"融合水平高低应该综合考量内部机制和外部环境两方面多重条件的并发协同效应。

8.5　条件组态的充分性分析

与对必要条件的分析不同，充分性分析主要探究条件变量的不同组合对结果产生的充分性。本章的充分性分析主要探究"两业"高融合水平的复杂诱因，找出促进"两业"融合发展的路径。

基于校准后的真值表，本章根据 Rihoux 和 Ragin（2009）的研究将一致性阈值设为 0.80、频数阈值设为 1，根据杜运周和贾良定（2017）的研究将

PRI 一致性阈值设为 0.70。fsQCA 输出结果包括复杂解、简约解和中间解。复杂解中没有逻辑余项，简约解中有所有的逻辑余项，但不对其合理性作出判断，中间解中含有部分逻辑余项，且较为符合理论与实际情况，同时不去除必要条件。一般来说，相比另外两种解，中间解更优。因此，本章以中间解为主、简约解为辅来解释最终构型。核心条件是指同时存在于简约解和中间解中的条件，边缘条件是指仅存在于中间解中的条件。

8.5.1 高融合水平组态路径分析

以"两业"高融合水平为输出结果得到 3 条驱动路径，如表 8-4 所示。解的一致性为 0.9277，表示所有具备这 3 种组态的省份案例中，有 92.77% 的省份呈现较高的"两业"融合水平；解的覆盖度为 0.7860，表示 78.60% 的"两业"高融合水平案例可以被这 3 种组态解释；一致性和覆盖度都在有效临界值以上，分析结果在有效范围内。根据条件组态能够进一步探究内部机制和外部环境各条件在促进"两业"融合发展中的差异化适配关系。

表 8-4 "两业"高融合水平的组态路径

条件组态	科技创新型	现代低碳型	均衡发展型
	条件组态 1	条件组态 2	条件组态 3
能源消耗	⊗	•	
技术创新	●		•
数字化水平		●	●
出口依存度		●	●
产业结构	⊗		•
一致性	0.9458	0.9133	0.9855
覆盖度	0.5411	0.3494	0.5410
唯一覆盖度	0.2190	0.0259	0.1030
解的一致性	0.9277		
解的覆盖度	0.7860		

注： • 表示条件存在，⊗ 表示条件不存在，并用符号大小区分核心条件和边缘条件。

具体而言，条件组态 1 表明，当各省份拥有较高的科技创新能力时，即使第三产业占比较小，能源消耗量较多，也拥有较高的"两业"融合水平。这意味着，相较于其他条件，技术创新可以弥补其他方面的不足，构成解释结果产生的充分条件，对于高融合水平更加重要。因此，本章将这条驱动路径命名为科技创新型。这说明技术创新能力能够有效破除能源消耗、产业结构等方面对"两业"融合发展的制约，为产业转型升级提供动力。拥有该路径有 94.58% 的概率能够实现高融合水平。该路径能够解释 54.11% 的高融合水平案例，21.90% 的高融合水平案例仅能被这条路径解释。

条件组态 2 表明，在以高数字化水平和高出口依存度为主的情况下，产业发展具备较低能耗这一优势，将会拥有较高的"两业"融合水平。其中，数字化水平和出口依存度为核心条件，能源消耗为边缘条件，该条路径既具有现代先进的发展模式，又兼具低碳可持续的特点，因此本章将这条驱动路径命名为现代低碳型。低碳发展对于物流业和制造业转型升级具有重要意义，也是促进"两业"深度融合的长久之计。此条路径表明一些发展较快、现代化程度较高的省份，已经逐渐开始重视低碳发展并小有成效，这对形成辐射全国的可持续产业发展趋势具有重要的启示意义。拥有该路径有 91.33% 的概率能够实现高融合水平。该条路径能够解释 34.94% 的高融合水平案例，2.59% 的高融合水平案例仅能被这条路径所解释。

条件组态 3 表明，以数字化和出口为主、以创新和产业为辅也能够实现较高水平的"两业"融合。数字化为产业间信息互通提供智慧化纽带和平台，出口为产业发展带来更大需求和更多资源，技术创新为产业转型升级提供动力，产业结构偏向第三产业则能够为"两业"融合提供适宜的发展环境。拥有该条件组态的省份在以上方面发展较为均衡高效，因此本章将这条驱动路径命名为均衡发展型。此条路径能够较好地兼顾内部机制与外部环境，多重加码，实现高融合水平。内部主要以创新助推产业技术研发升级，外部则根植于优良的数字化环境、开放环境和产业环境，是中国先进城市走出来的一条稳健的融合发展之路。拥有该路径有 98.55% 的可能性能够实现高融合水平。该条路径能够解释 54.10% 的高融合水平案例，10.30% 的高融合水平案例仅能被这条路径所解释。

8.5.2 高融合水平解释案例分析

案例的组态隶属度是指该案例在组态中的集合隶属度，即该案例所具有的满足结果变量的各条件变量的最小隶属度。案例的结果隶属度是指该案例的结果变量隶属度。根据 fsQCA 软件分析结果，以组态隶属度为 x 轴，结果隶属度为 y 轴，借助 Stata 软件绘制各条件组态的案例分布散点图。图 8-2、图 8-3、图 8-4 呈现了 3 种条件组态所对应的解释案例。为保证案例选取的典型性，本章主要选取组态隶属度和结果隶属度均大于 0.5 的省份进行分析。从图 8-2~图 8-4 可以看出，绝大多数案例位于 45° 线上方，即结果隶属度大于组态隶属度，再次印证了条件变量间的联动匹配能够发挥"1+1＞2"的效应，对"两业"融合产生更大的促进作用。

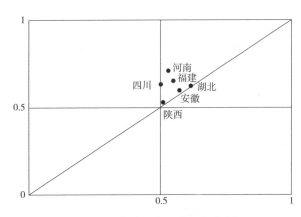

图 8-2　条件组态 1 的解释案例

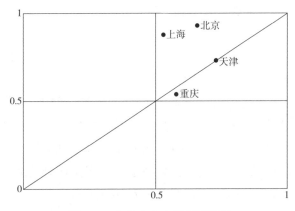

图 8-3　条件组态 2 的解释案例

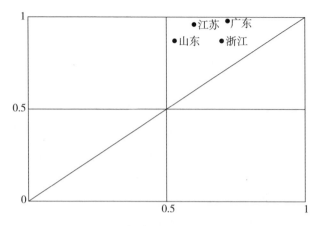

图 8-4　条件组态 3 的解释案例

8.5.2.1 "科技创新型"路径（技术创新 × ~ 产业结构 × ~ 能源消耗）

如图 8-2 所示，条件组态 1 所能解释的案例包括东部地区的福建，中部地区的安徽、河南、湖北，以及西部地区的四川、陕西。这些省份能够实现"两业"高融合水平突出的特征是拥有较高的技术创新能力和良好的科创环境。

2021 年，福建省人民政府办公厅印发《福建省"十四五"科技创新发展专项规划》，指出在"十四五"期间，福建要高质量创新发展模式，跻身国家创新型省份的行列。

河南自建设三大科创高地以来，创新研发能力得到提升，并在政府资金支持下，吸引更多外部优势资源，不断推动资金与技术创新深入对接。近年来，从"科教大省"到"科技创新策源地"，安徽坚定不移实现了跨越式发展。

2022 年，湖北区域科技创新能力由全国第 10 位提高到第 8 位，排名中部第 1，跻身全国科技创新水平"第一方阵"。

四川为优化现代物流，对物流服务功能节点积极进行新建、改建，使物流运行结构得到改善，对促进物流业转型升级具有推动作用。

陕西在"一带一路"倡议的带动下经济水平迅速提升，也吸引了大量高素质人才聚集，陕西成为创新高地，居于全国领先水平，为"智能制造"目标的实现和物流业转型升级发展打下坚实基础。科技创新能力成为促进"两业"融合发展的重要驱动力。

8.5.2.2 "现代低碳型"路径（数字化水平 × 出口依存度 × 能源消耗）

如图 8-3 所示，条件组态 2 所能解释的案例包括东部地区的北京、天津、上海和西部地区的重庆。这些省份现代化程度较高，数字化经济明显，出口旺盛，为产业绿色转型打下坚实基础，低碳节能助推"两业"深度融合。北京、上海、天津发展起步较早，经济环境优越，市场活力较高，国际化程度走在全国前列，对外贸易为物流业与制造业打开新的市场。随着新业态在这些地区投资发展，以京东为代表的电商带来迅速增长的物流需求量。近年来，北京加快健全低碳技术创新激励政策，提出能耗和碳排放双控策略，加快开发新能源，大力创建绿色工厂。上海积极号召交通领域推广实施绿色低碳行动，打造低能耗运输体系，改善交通运输结构，邮政速递等物流公司发展低碳变革，助力产业可持续发展。中新天津生态城等园区积极开展"零碳"探索，逐渐形成由点到面辐射全区域的天津产业发展绿色转型新模式。伴随数字经济发展，重庆积极开展数字赋能产业转型，推动供应链数字化转型，重庆自贸试验区正在形成全方位全领域的开放新格局。重庆低碳研究中心自建立以来，一直引领西部地区低碳创新技术发展，不断进行产业低碳转型有益探索。在以数字化和出口贸易奠定现代化发展的基础上，低碳发展为"两业"高水平融合开辟了可持续发展道路。

8.5.2.3 "均衡发展型"路径（数字化水平 × 出口依存度 × 技术创新 × 产业结构）

如图 8-4 所示，条件组态 3 所能解释的案例都集中在东部地区，包括广东、江苏、浙江和山东。这些省份经济环境良好，各方面发展较为均衡，多方优势使其"两业"融合水平较高。广东省持续领跑全国经济，数字化建设日趋完善，数字化水平稳步提升；同时，作为中国对外开放的重要枢纽，其出口依存度高，第三产业占比较大，吸引大量高学历人才聚集，创新能力较高，在各个方面均占有优势，为"两业"高融合水平奠定了坚实基础。近年来，江浙地区新一代信息技术飞速发展，数字经济崛起，为区域经济发展带来新的机遇，同时壮大了第三产业规模，积极响应国家扩大内需的号召，为物流业创造了良好的发展条件。特别是江浙地区建成多个国家级高新区，高技术产业集聚，专精特新"小巨人"企业蓬勃兴起，发展迅速，成为制造业发展的重要新生力量，"两业"融合顺势而兴。山东地理位置优越，京沪、胶济、京九等铁路干线，以及高速公路、航空、海运等，形成贯穿全省、沟通全国、联系世界的立体综合交通运输网，交通发达，为物流运输提供了极大便利。山东坚持科技赋能产业转型，建设智慧港口、智慧物流，紧跟潮流积极调整产业结构和新旧动能转换，产业结构合理性明显提高，促进"物流＋产业"深度融合成效明显。2020 年，山东 11 家企业入选国家物流业制造业融合发展典型案例。这些经济环境良好的省份，能够多方面助力实现"两业"深度融合，仍然是重要的中坚力量。

8.5.3　组态路径比较分析

通过对比高融合水平的 3 条路径可知，条件组态 1 与条件组态 3 的覆盖度和唯一覆盖度较高，表明科技创新型路径和均衡发展型路径是经验相关性较强的组态，有较强的代表性。条件组态 3 的一致性最高，说明拥有该组态路径能实现高融合水平的成功率最高，解的质量和稳定性最好。条件组态 2 现代低碳型路径是可持续发展背景下产业转型升级的必然趋势，北京、上海、天津、重庆为全国提供了成功示范。

通过比较 3 条路径的解释案例可以得出 14 个高融合水平案例中，东部地区省份占 73%，涵盖 3 条组态路径，以现代低碳型和均衡发展型为主。中西部地区主要依靠科技创新型路径实现"两业"高融合水平，其中重庆是西部地区低碳发展典范。

东部地区的北京、天津、上海以数字化和经济开放为基础，率先尝试低碳转型实现高融合水平；江苏、浙江、山东、广东经济发展优势明显，以"创新＋产业"协同并发来驱动；福建则主要凭借技术创新。中部地区的 3 个高融合水平省份安徽、河南、湖北虽然在产业结构和低能耗方面不占优势，但依靠技术创新的后发优势拥有高融合水平；西部地区的四川和陕西依靠创新能力，重庆依靠数字经济和低碳实现"两业"深度融合。

进一步比较条件组态 2 和条件组态 3 的异同，可以识别出内部机制与外部环境的潜在替代关系。如图 8-5 所示，对于数字化水平和出口依存度较高的省份，高创新能力（内部）与高产业结构合理性（外部）可以和低能源消耗（内部）相互替代，以实现"两业"高融合水平。这既凸显了节能低碳和产业可持续发展对"两业"深度融合的重要作用和现实意义，也体现了组态路径的"殊途同归"。在特定的数字化水平和开放条件下，能源消耗较高的地区，可以通过技术创新和产业优势实现高融合水平。值得注意的是，这也揭示了目前技术创新与低碳发展相脱节的现状，如果能够大力推行低碳技术创新，掌握核心技术，就能够发挥更大的合力推动物流业和制造业转型升级与融合发展。

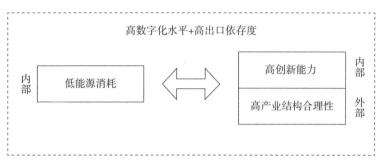

图 8-5　"两业"高融合水平潜在替代关系

8.6　稳健性检验

考虑到 QCA 分析可能存在的敏感性和随机性，本章用两种方法进行稳健性检验：一是输出低融合水平组态路径，验证"因果不对称"假设；二是通过改变校准方法来调整变量隶属程度，检验研究结果是否发生实质性变化。

8.6.1　低融合水平组态路径分析

QCA 的非对称性假设认为，导致出现正反两个结果的组态条件应不相同（翁钢民、李凌雁，2016）。对于本章研究来说，即导致高融合水平和低融合水平的驱动路径不同。因此，本章以低融合水平为结果，得到 2 条组态路径，如表 8-5 所示，条件组态 4、条件组态 5 与高融合水平的 3 条组态路径不同，核心条件及整体条件均未出现相同情况，因此原构型分析结果可靠。

表 8-5 "两业"低融合水平的组态路径

条件组态	发展落后型	缺乏活力型
	条件组态 4	条件组态 5
能源消耗	●	
技术创新	⊗	⊗
数字化水平	⊗	
出口依存度		⊗
产业结构	⊗	●
一致性	0.9747	0.9418
覆盖度	0.5931	0.4199
唯一覆盖度	0.2702	0.0905
解的一致性	0.9628	
解的覆盖度	0.7444	

注： ● 表示条件存在，⊗ 表示条件不存在，并用符号大小区分核心条件和边缘条件。

在低融合水平的 2 条组态路径中，技术创新这一条件变量均为核心缺失，这说明创新能力的匮乏极有可能导致"两业"融合水平较低，体现了技术创新对产业发展和"两业"融合的重要性。

条件组态 4 为能源消耗 ×~技术创新 ×~数字化水平 ×~产业结构，这意味着在保持能源消耗较少的同时限制了发展步伐，数字化水平较低，第三产业占比较小，科技创新动力不足，从而导致了"两业"融合水平较低。因此，本章将这条路径命名为发展落后型，典型代表地区有广西、贵州、青海、宁夏、新疆等。这些省份经济发展较慢，更多依靠国家政策支持，物流业和制造业发展缓慢，融合水平较低。

条件组态 5 为产业结构 ×~技术创新 ×~出口依存度，这意味着即使产业结构合理性较高，第三产业占比较大，但因为缺乏科技创新驱动力，经济开放水平不足，无法吸引更多优质资源，所以呈现出较低的融合水平。因此，本章将这条路径命名为缺乏活力型。典型代表地区有山西、黑龙江、吉林等。这些省份正值产业转型发展的关键期且转型发展初有成效，但还需进一步加大创新投入，优化核心技术，加大出口贸易，为传统型经济注入更多活力，促进"两业"深度融合。

8.6.2 改变校准方法

为检验 QCA 分析结果的敏感性，本章通过改变校准方法进而调整变量隶属度来进行检验，将除交叉隶属点外的原始锚点调整一定百分比分位数（Francois，1990），如使用 0.75、0.25 代替 0.95、0.05 的校准区间，再次进行组态分析后的结果如表 8-6 所示。

表 8-6　改变校准方法后"两业"高融合水平的组态路径

条件组态	条件组态 6	条件组态 7	条件组态 8
能源消耗	⊗	●	
技术创新	●		●
数字化水平		●	●
出口依存度	⊗	●	●
产业结构	⊗	●	●
一致性	0.9769	0.9291	0.9918
覆盖度	0.2581	0.2310	0.4932
唯一覆盖度	0.1362	0.1504	0.3143
解的一致性	0.9656		
解的覆盖度	0.7798		

注：● 表示条件存在，⊗ 表示条件不存在，并用符号大小区分核心条件和边缘条件。

对比表 8-6 与表 8-4 可知，解的一致性有所增长，由 0.9277 变为 0.9656，解的覆盖度变化较小，由 0.7860 下降至 0.7798。高融合水平新构型同样是 3 条组态路径，这 3 条组态路径的一致性水平都有小幅上涨，均在可接受范围内。因此，改变校准方法前后高融合水平的组态路径没有实质变化，原构型具有稳健性。

8.7　分阶段组态路径分析

进一步对"两业"融合三个阶段的组态路径进行研究，分别以各阶段高融合水平为被解释变量，对各阶段省份案例进行 fsQCA 分析，得到相应的组态路径。

8.7.1 联动阶段组态路径分析

联动阶段的 3 条组态路径如表 8-7 所示。这 3 条路径核心条件均为技术创新，解释案例以中西部地区省份为主，可见中西部地区省份实现"两业"高融合水平主要依靠创新能力。解的一致性和覆盖度都在有效临界值以上，分析结果在有效范围内。

表 8-7 "两业"联动阶段的组态路径

条件组态	条件组态 9	条件组态 10	条件组态 11
能源消耗		⊗	•
技术创新	●	●	●
数字化水平		•	⊗
出口依存度	•		
产业结构	•	⊗	•
典型省份	辽宁、重庆	陕西	湖南
一致性	0.9484	0.9248	0.8494
覆盖度	0.5316	0.6474	0.5342
唯一覆盖度	0.0842	0.1711	0.0974
解的一致性	0.8681		
解的覆盖度	0.8316		

注： • 表示条件存在，⊗ 表示条件不存在，并用符号大小区分核心条件和边缘条件。

8.7.1.1 条件组态 9：技术创新 × 出口依存度 × 产业结构

条件组态 9 表明处于"两业"融合初期，即处于联合阶段的省份以出口和产业结构优势为辅、技术创新为主能够实现较好的发展。典型省份为东部地区的辽宁和西部地区的重庆，这 2 个省份凭借科技创新优势为"两业"融合发展注入动力，且出口旺盛，产业结构合理性较高，产业发展较快。

8.7.1.1.1 技术创新

技术创新方面，辽宁科学技术创新成就硕果累累。截至 2020 年底，辽宁建有国家重点实验室 14 家、国家工程技术研究中心 12 家、国家工程研究中心 16 家、国家企业技术中心 43 家；省级科技创新基地建设发展体系初步形成。这表明辽宁在技术创新方面拥有相当程度的发展基础。2021年，重庆研发经费投入超过 600 亿元、较 2017 年增长 65.6%；研发投入强度达到了 2.16%、增加 0.34 个百分点，R&D 人员总量超过 20 万人、较2017 年翻了一番；综合科技创新指数位居全国第 7。重庆高标准建设西部（重庆）科学城、两江协同创新区、广阳湾智创生态城，引进建设中国科学院重庆汽车软件创新平台、北京理工大学重庆创新中心等新型研发机构 65 家，以金凤实验室为代表的"重庆实验室"加快建设。这表明两省（市）对技术创新的规划和投入都具有相当程度的规模。

8.7.1.1.2 出口依存度

出口相关方面，辽宁培育壮大海外仓网络，支持公共海外仓建设，提升海外仓体系化综合服务能力；充分利用外交部"外事信息交流机制"渠道，将辽宁参与海外仓建设的企业纳入"一带一路安保机制"企业数据库，积极争取中国驻外使领馆指导帮助辽宁企业参与海外仓建设；对标国家级优秀海外仓案例，鼓励企业面向《区域全面经济伙伴关系协定》（RCEP）成员国、共建"一带一路"国家（地区）、中欧班列重要节点城市和东北亚地区建设海外仓；支持海外仓企业不断完善海外市场品牌推广、市场运营、物流配送、产品售后服务等功能，构建新型跨境物流网络。重庆海关的数据显示，2022 年，重庆外贸进出口总值达 8158.4 亿元，创历史新高，同比增长 2%。在西部地区 12 个省（区、市）中，重庆外贸进出口值继续保持第 2 位，占同期西部地区外贸进出口总值的 21.1%。这说明在出口规模具有一定基础的条件下，出口相关对重庆"两业"融合具有不容忽视的作用。

8.7.1.1.3 产业结构

产业结构方面，辽宁引导企业立足优势领域创新突破，全方位构建产业生态系统。鞍钢股份鲅鱼圈钢铁分公司建设智慧配煤系统、智慧铁水运输系统和智能化料场集中管控中心，着力构建钢铁智能制造生态圈；亚明汽车聚焦汽车零部件制造领域，建立数字化、网络化、智能化运营管理模式，打造汽车零部件行业工业互联网解决方案供应商；东软集团自主研发基于虚拟化技术的新一代智能座舱，引领车联网产业生态创新发展。重庆主要把精力放在促进各类企业融通发展上，推动大型企业进一步树立与产业链、供应链上下游企业利益共享、风险共担责任意识，引导有条件的大型企业积极参与孵化器、加速器建设或创业咖啡、联合办公空间、创业社区、创客空间等平台搭建，促进初创企业与现有产业链、供应链无缝衔接。

8.7.1.2 条件组态 10：技术创新 × 数字化水平 ×~能源消耗 ×~产业结构

条件组态 10 表明处于"两业"融合初期，即处于联合阶段的省份在能源消耗量较高和产业结构合理性较低的不利条件下，数字化水平辅助技术创新能够实现较好的产业发展。典型省份为陕西，其凭借科技创新和数字化建设扭转劣势局面，为中西部地区"两业"融合发展提供了有效参考。

8.7.1.2.1 技术创新

技术创新方面，陕西围绕本省重点产业领域，鼓励企业联合高校、院所建设产业创新中心、技术创新中心、制造业创新中心，开展共性核心关键技术攻关，持续推进技术成果系统化、配套化和工程化开发。在技术创新领域树立了科学发展意识和对于创新效果的持久性关注。

8.7.1.2.2 数字化水平

数字化水平方面，陕西通过推进行业级、区域级、企业级工业互联网平台建设及应用，打造工业互联网体系和产业生态；推进企业开展"两化"融合管理体系贯标和数据管理能力成熟度、智能制造能力成熟度等评估工作，推动制造业数字化、网络化、智能化发展。这对"两业"融合发展具有基础层面的建设作用。

8.7.1.2.3 能源消耗

能源消耗方面，2022 年，陕西省规模以上工业综合能源消费量同比增长 11.3%。其中六大高耗能行业综合能源消费量同比增长 13.0%，占规模以上工业能源消费量的 88.3%。高能耗对于制造业的成本压力会导致其进一步压缩厂内物流经费的预算，从而阻碍"两业"融合发展。

8.7.1.2.4 产业结构

产业结构方面，2022 年，陕西生产总值 32772.68 亿元，较上年增长 4.3%。其中，第一产业增加值 2575.34 亿元，较上年增长 4.3%，占生产总值的比重为 7.9%；第二产业增加值 15933.11 亿元，较上年增长 6.2%，占生产总值的比重为 48.6%；第三产业增加值 14264.23 亿元，较上年增长 2.6%，占生产总值的比重为 43.5%。人均生产总值 82864 元，较上年增长 4.3%。从政策性资料来看，较低的第三产业增速在一定程度上会导致上游产业的协同融合受阻。

8.7.1.3 条件组态 11：技术创新 × 能源消耗 × 产业结构 ×~数字化水平

条件组态 11 表明处于"两业"融合初期，即处于联合阶段的省份在数字化水平有待完善的情况下，以技术创新为主、低能耗和产业优势为辅能够实现较好的发展。典型省份为湖南，在联合阶段，该省份在其他方面发展状况良好的情况下，率先以低能耗这一优势为"两业"融合提供助力。

8.7.1.3.1 技术创新

技术创新方面，湖南陆续出台实施科技成果转化、高新技术企业奖励、科研人员股权和分红激励等文件，产业支持政策体系逐步健全。一批重大工程、重点项目加快推进，"五个 100"工程累计实施 237 个重大产业建设项目、176 个重大科技创新项目、201 个重大产品创新项目。激励政策的出台有利于在动机层面推进"两业"融合发展。

8.7.1.3.2 能源消耗

能源消耗方面，根据《湖南省能源发展报告 2020》，2020 年湖南能源消费总量约 1.6 亿吨标准煤，以 1.7% 的能源消费增速支撑了全省 3.8% 的经济增长；单位 GDP 能耗持续下降，顺利完成"十三五"能源消费双控目标。能源消费结构呈现"两升两降"的特点：天然气、电力消费分别同比增长 3.7%、3.5%，煤炭、石油消费量稳中有降。低能耗带来的制造业成本优势将会更大程度地体现在"两业"融合发展方面。

8.7.1.3.3 产业结构

产业结构方面，根据地区生产总值统一核算结果，湖南 2022 年全年地区生产总值 48670.4 亿元，较上年增长 4.5%，高于全国平均水平。其中，第一产业增加值 4602.7 亿元，较上年增长 3.6%；第二产业增加值 19182.6 亿元，较上年增长 6.1%；第三产业增加值 24885.1 亿元，较上年增长 3.5%。人均地区生产总值 73598 元，较上年增长 4.8%。第二产业增长尤为突出，较高的增长水平能够为制造业创造更大的市场空间，制造业产业规模不断壮大，与物流业的联系更加密不可分。

8.7.1.3.4 数字化水平

数字化水平方面，截至 2023 年，湖南省制造业数字化研发设计工具普及率为 79.6%，41.7% 的企业实现网络化协同，均高于全国平均值。但在数据比例上，湖南与同级别省份存在一定差距，结合几个省份的数字化水平发展情况，数字化能力不足会在发展动能上对"两业"融合发展产生长久的影响。

8.7.2 融合阶段组态路径分析

融合阶段的两条组态路径如表 8-8 所示。条件组态 12 与联动阶段一致，核心条件为技术创新，条件组态 13 核心条件为数字化水平。解的一致性和覆盖度都在有效临界值以上，分析结果在有效范围内。

表 8-8 "两业"融合阶段的组态路径

条件组态	条件组态 12	条件组态 13
能源消耗	⊗	•
技术创新	●	
数字化水平		●
出口依存度		
产业结构	⊗	•
一致性	0.9564	0.9123
覆盖度	0.7532	0.3185
唯一覆盖度	0.1934	0.0879
典型省份	河南、福建、四川、湖北、河北、安徽	天津
解的一致性	0.9021	
解的覆盖度	0.8637	

注：• 表示条件存在，⊗ 表示条件不存在，并用符号大小区分核心和边缘条件。

8.7.2.1 技术创新 ×~能源消耗 ×~产业结构

条件组态 12 与条件组态 1 一致，表明处于"两业"融合阶段的省份在能源消耗和产业结构不具有优势的情况下，拥有较高的技术创新能力，可实现"两业"融合发展。典型省份为东部地区的河北、福建，中部地区的安徽、河南、湖北，以及西部地区的四川。这些省份凭借科技创新单方面的强大优势为产业发展提供驱动力。

8.7.2.1.1 技术创新

技术创新方面，2021 年河北省人民政府办公厅印发《河北省建设全国现代商贸物流重要基地"十四五"规划》，其中强调了技术创新在物流领域应用的重要性。该规划指出，高质量建设全国现代商贸物流重要基地是最丰富的数字技术深度应用场景，有助于激活物流大数据潜能，培育壮大商贸物流新业态、新模式，形成全省数字经济新的增长点；培育壮大新型产业生态，深化产业链全流程数字化应用，赋能传统产业转型升级，提升河北省产业链现代化发展水平。预计到 2025 年，争取培育 1 家国家级智能化仓储物流示范基地、15 家全国物流业企业互联网指数百强入驻河北。根据《河南省"十四五"制造业高质量发展规划》，河南规模以上工业企业研发投入占营业收入比重由 2016 年的 0.5% 提高到 2020 年的 1.41%，全省规模以上高新技术产业增加值平均增长 11.7%，占全省规模以上工业增加值的比重从 34.9% 上升到 43.4%，工业企业技术改造投资年均增长 42.5%；国家级创新载体达到 179 家，智能农机创新中心成功创建为国家级制造业创新中心。现代服务业和先进制造业均是以信息技术为基础动力的产业，两者都需要依靠技术创新打破融合的壁垒。

8.7.2.1.2 能源消耗

能源消耗方面，2022 年河南省规模以上工业综合能源消费量比上年增长 5.2%，规模以上工业单位增加值能耗上升 0.1%。2021 年，安徽省规模以上工业综合能耗 11461.2 万吨标准煤，同比增长 3.1%；电力需求较快增长，2022 年第一季度，全社会用电量 718 亿千瓦时、同比增长 13.2%，一、二、三产业和居民生活用电量分别同比增长 14.5%、17%、4.9% 和 16.9%，工业用电量同比增长 17.8%。高能耗在一定程度上阻碍了"两业"的融合发展。

8.7.2.1.3 产业结构

产业结构方面，2022 年，湖北第一产业增加值 4986.72 亿元，同比增长 3.8%；第二产业增加值 21240.61 亿元，同比增长 6.6%；第三产业增加值 27507.59 亿元，同比增长 2.7%。在第三产业中，交通运输仓储和邮政业、批发和零售业、住宿和餐饮业、金融业、房地产业、其他服务业增加值分别同比增长 0.1%、1.7%、0.9%、5.6%、–2.7%、4.6%。2022 年，四川第三产业增加值 29628.4 亿元，同比增长 2.0%。较低的第三产业增速在一定程度上会导致上游产业的融合发展受阻。

8.7.2.2 数字化水平 × 能源消耗 × 产业结构

条件组态 13 表明处于"两业"融合阶段的省份以较高的数字化水平为主导，结合低能耗和产业结构优势，能够实现"两业"较好融合。典型省份为天津，以较高的产业结构合理性为发展土壤，发展低碳转型，并依托较为完善的数字化建设为"两业"融合发展开辟了新的模式。

8.7.2.2.1 数字化水平

数字化水平方面，根据《数字中国发展报告（2021 年）》，天津数字化综合发展水平位居全国第 7。其中，数字基础设施建设水平居全国第 5 位，数字技术创新水平居全国第 5 位，网络安全水平居全国第 3 位，数字化发展环境建设水平居全国第 3 位。万物互联、动态感知、智能联动的数字支撑体系实现产业数字化和数字产业化的双轮联合驱动，是数字经济推动"两业"融合发展的重要发力点。

8.7.2.2.2 能源消耗

能源消耗方面，2020 年天津能源消费总量为 8104.6 万吨标准煤，单位 GDP 能耗同比下降 3.1%，超额完成国家下达能源消费总量和能耗强度"双控"目标，连续 5 年被国家确定为超额完成等级。低能耗降低了制造业的成本，加快了传统物流业和制造业转型升级速度，促进了"两业"的融合发展。

8.7.2.2.3 产业结构

产业结构方面，天津产业结构呈现第二、第三产业主导的格局，2020年天津市第二、第三产业增加值占比合计达到 98.5%，第三产业增加值由 2016 年的 54.0% 增长至 2020 年的 64.4%。推动经济增长主要依靠现代第三产业和先进制造业双轮驱动，第三产业的蓬勃发展在现代物流业和先进制造业融合的过程中起到了关键作用。

8.7.3 深度融合阶段组态路径分析

深度融合阶段的两条组态路径如表 8-9 所示。这两条组态路径在延续组态 13 以数字化水平为核心条件的基础上，增加了出口依存度作为核心条件。解的一致性和覆盖度都在有效临界值以上，分析结果在有效范围内。

表 8-9　"两业"深度融合阶段的组态路径

条件组态	条件组态 14	条件组态 15
能源消耗	•	
技术创新		•
数字化水平	●	●
出口依存度	●	●
产业结构		•
一致性	0.8972	0.9123
覆盖度	0.4906	0.6854
唯一覆盖度	0.1538	0.0936
典型省份	北京、上海	广东、江苏、浙江、山东
解的一致性	0.9116	
解的覆盖度	0.8617	

注：• 表示条件存在，⊗ 表示条件不存在，并用符号大小区分核心条件和边缘条件。

8.7.3.1 数字化水平 × 出口依存度 × 能源消耗

条件组态 14 与条件组态 2 一致，表明在"两业"融合后期，即深度融合阶段，低能耗辅助数字化和出口能够实现较高的耦合协调度。典型省份是北京、上海，这些地区经济基础较好，现代化程度高，出口旺盛，率先进行低碳探索，是全国"两业"融合创新发展的风向标。

8.7.3.1.1 数字化水平

数字化水平方面，根据《2021 年中国城市数字经济指数蓝皮书》，2020 年上海数字经济指数得分为 91.6，达到数字经济一线城市水平，排名全国第一；数字经济规模为 20590 亿元，位列全国第一。2023 年，上海全面推进治理数字化转型取得显著成效，初步形成引领全国的超大城市治理新模式。2021 年，北京数字经济增加值规模达到 1.6 万亿元，实现全国领先，按现价计算，比上年增长 13.1%，占全市 GDP 比重为 40.4%。"两业"融合发展的关键在于发挥数字技术与数字经济优势，提升先进制造业与现代服务业发展水平并促进两者融合。北京和上海数字化转型发展程度高，这无疑为实现深层次的"两业"融合提供了绝佳历史机遇。

8.7.3.1.2 出口依存度

出口相关方面，2019 年，对外贸易依存度最高的省份是上海，达89.45%，其次是北京，达 81.30%。2022 年，北京海关推出"四优四提促五子"服务工程，制定 28 项举措，全力助推北京外贸保稳提质；同年，北京地区（含中央在京单位）进出口规模再创历史新高，进出口总值为 3.64 万亿元，较 2021 年增长 19.7%。

8.7.3.1.3 能源消耗

能源消耗方面，北京能源品种结构更加绿色，2018 年，电力消费占能源消费总量的比重为 26.3%，比 1980 年提高 25.1 个百分点；天然气消费从无到有，占比达到34.2%；煤炭消费占比仅为 2.8%，比 1980 年下降 62.6 个百分点，完成了从以煤为主的能源结构到以电力、天然气为主的能源结构的巨变。《北京市"十四五"时期能源发展规划》中提到，到 2025 年，非应急情况下基本不使用煤炭，可再生能源比重提高到 14.4% 以上。2019 年，上海市煤炭消费总量为 4238.28 万吨，"十三五"期间，全市煤炭消费总量占一次能源比重从 37% 下降到 31% 左右，远低于全国平均水平。北京和上海低耗能促进了现代物流业和先进制造业的发展，为"两业"深度融合奠定了基础。

8.7.3.2 数字化水平 × 出口依存度 × 技术创新 × 产业结构

条件组态 15 与条件组态 3 一致，表明在"两业"融合后期，即深度融合阶段，以数字化水平和出口为主、技术创新和产业结构为辅能够实现高水平的"两业"融合。典型省份是东部沿海地区，如广东、江苏、浙江和山东，这些省份经济发展起步较早，旺盛的对外贸易往来和产业结构优势为"两业"融合奠定了基础，人才和优势资源聚集，为产业发展带来不竭动力，数字化建设引领现代化步伐，多方优势共同促进"两业"深度融合。

8.7.3.2.1 数字化水平

数字化水平方面，广东加快数字化发展，巩固提升数字经济核心产业优势，建立国家实验室等技术创新平台，持续提升全省一体化政务服务能力，推进数字政府改革向基层延伸，开展数据要素市场化配置改革、"数据海关"等试点建设，加快推进粤港澳跨海智慧通道等重大工程建设。《数字中国发展报告（2021 年）》显示，浙江、北京、上海、广东、江苏、山东、天津、福建、湖北、四川等地区数字化综合发展水平居全国前 10 名，其中，浙江数字化综合发展水平居全国第一，江苏、山东均在前列。高水平的数字化程度推动了物流业制造业的高质量发展，进一步提高了"两业"融合程度。

8.7.3.2.2 出口依存度

出口依存度方面，2022 年，浙江进出口规模再创历史新高，全省进出口 4.68 万亿元，较上年增长 13.1%。其中，出口 3.43 万亿元，较上年增长

14.0%，出口对全国增长的贡献率达 18.5%，居全国首位。2020 年广东出口防疫物资 2278.8 亿元，较上年增长 81.7%，出口电脑及其零部件等较上年增长 9.2%，以上两类商品合计拉动广东出口较上年增长 2.9%。外贸规模的增长也促进了跨境物流的发展，为"两业"融合奠定了基础。

8.7.3.2.3 技术创新

技术创新方面，江苏始终坚持把科技创新作为经济社会发展的第一动力，持续加大科技要素投入，形成了科技进步推动经济增长的新格局。2022 年，江苏全社会研发投入占比为 2.95%，达到创新型国家和地区中等水平。此外，江苏还大力发展"智慧物流"，推动 5G、云计算、大数据、物联网、人工智能、区块链等新一代信息技术在物流中的应用；强化数字平台支撑，实现物流数据的动态监测、数据解析、趋势预判、风险预警、指数评估等。根据《浙江省科技创新发展"十四五"规划》，浙江全社会 R&D 经费支出占 GDP 比重从 2015 年的 2.32% 提升到 2020 年的 2.8%，科技进步贡献率从 57% 提升到 65%，高新技术产业增加值占规模以上工业企业的比重从 37.5% 提升到 59.6%。广东和山东也都走在技术创新前列，数字技术创新是促进数字经济发展的基本前提，也是数字经济促进"两业"融合发展的关键。

8.7.3.2.4 产业结构

产业结构方面，广东第三产业规模不断壮大，产业结构持续优化，产出效益可观。第三次经济普查结果显示，广东第三产业占 GDP 比重首次超过第二产业，产业结构实现"三、二、一"格局。2015 年，江苏省第三产业占 GDP 的比重为 48.6%，第二产业占 GDP 的比重为 45.79%，第三产业总值首次超越第二产业，2015 年以后，江苏省的产业结构序列就变成"三、二、一"格局，达到发达国家产业结构标准。产业结构整体布局的优化能为经济增长增添动力，同时能为物流业与制造业融合发展提供更好的环境，第三产业占比越高，对"两业"的融合发展促进作用越明显。

综观三个阶段的组态路径，可以发现与前文关于 3 条高融合水平组态路径（科技创新型、现代低碳型、均衡发展型）的相关研究是一致的。三个阶段的组态路径，即条件组态 9 至条件组态 15 可以认为是从低融合水平向高融合水平不断发展的模式转变。中西部地区的省份大多处于联动阶段和融合阶段，组态路径均以技术创新为主，且处在联动阶段的典型省份是通过技术创新这一主要优势，与多方合力共同实现"两业"融合。在融合阶段，典型省份的发展水平更高，仅凭技术创新单一优势就能弥补其他条件的不足，实现较高融合水平。东部地区的省份则主要处于深度融合阶段，组态路径核心条件和实现路径更加多元。这些省份现代化程度更高，经济条件居于全国领先水平，数字化水平和出口依存度成为更加明显的核心条件。因此，这些省份也有能力进行更多新的探索，老牌一线城市率先进行低碳转型，沿海城市结合产业结构优势与技术创新打出组合拳，为其他省份促进"两业"融合提供了示范和参考。

8.8　本章小结

本章以前文测算出的"两业"耦合协调度为结果变量，以能源消耗、技术创新、数字化水平、出口依存度、产业结构为 5 个条件变量。运用fsQCA 方法以中国 30 个省、自治区、直辖市（不含香港、澳门、台湾和西藏）"两业"融合水平为案例进行条件组态分析，探究内外部因素作用于融合水平的组态路径，主要得出如下结论。

第一，内外部因素均无法单独构成高融合水平或低融合水平的必要条件。

第二，高融合水平存在 3 条驱动路径，具体可归纳为以技术创新构成的科技创新型；低能耗辅助数字化和出口的现代低碳型；以数字化水平和出口依存度为主、技术创新和产业结构为辅的"均衡发展型"。

第三，通过对高融合水平组态路径的解释案例进行分析，可得出东、中、西部地区"两业"融合驱动路径存在明显的差异化。此外，内外部因素间存在互补替代关系。

第四，为排除 QCA 分析结果的敏感性和随机性，本章通过验证因果不对称假设和改变校准方法进行了稳健性检验，得出本章的 3 条高融合水平组态路径具有稳健性。

第五，对"两业"融合发展三个阶段分别进行了组态路径研究，并对相应的典型省份进行了分析。

第 9 章

研究结论与展望

本章针对前文实证分析结果，凝练出主要结论，结合物流业与制造业融合发展现状，提出促进"两业"融合发展的对策建议，并对未来的相关研究进行了展望。

9.1 研究结论

本书以中国 30 个省、自治区、直辖市（不含香港、澳门、台湾和西藏）为研究对象，构建高质量发展背景下物流业与制造业发展评价指标体系，在测算"两业"融合水平的基础上，用多种方法探究"两业"融合的时空格局及动态演进规律，并运用系统动力学理论对"两业"融合机理进行研究。进一步地，选取影响因素进行组态分析，刻画影响"两业"融合发展的组态路径，提出促进"两业"深度融合和创新发展的提升路径。本书的主要研究结论如下。

第一，2014~2020 年中国物流业和制造业发展取得一定进步，"两业"发展关联度较高。从耦合协调度来看，中国"两业"融合程度处于勉强协调水平，正向初级协调水平迈进，区域上呈现出东部—中部—西部地区依次降低的空间异质性。根据各省份"两业"融合情况，本书划分了三个"两业"融合发展阶段，分别为联动阶段、融合阶段和深度融合阶段。

第二，2014~2020 年"两业"融合水平基尼系数呈现小幅上升趋势。"两业"融合发展不协调主要缘于区域间差异，东西部地区差距最大，东中部地区次之，中西部地区最小。"两业"融合水平在空间上存在正相关关系，整体上地区空间分布呈现集聚效应，融合水平相似（都高或者都低）的省份趋向于聚集在一起。在动态演进过程中，"两业"融合呈现明显的极化效应和低端化集聚现象，各省份间差异有逐渐增大趋势。

第三，从因果关系图可知，物流业与制造业系统内部存在相互推动、相互促进的复杂关系。从存量流量图的仿真结果可知，快递业务外包率、信息化投资规模、工资水平及国家资金支持四个关键影响因素对"两业"融合发展有至关重要的促进作用，并总结出了物流业与制造业融合发展机理。

第四，整体来看，高融合水平存在 3 条驱动路径，包括"科技创新型""现代低碳型""均衡发展型"。东部地区高融合水平的省份涵盖 3 条组态路径，以"现代低碳型"和"均衡发展型"为主。中西部地区以"科技创新型"为主。内外部因素间还存在互补替代关系。分阶段来看，由联动阶段到深度融合阶段，典型省份组态路径不断创新，要素逐渐多元化。

9.2　物流业与制造业融合发展的对策建议

9.2.1　以科技为引领，激发创新活力

从"两业"发展评价指标来看，创新驱动因素占比都较高。物流业指标体系中发明专利单项权重占 19.72%，为该指标体系中权重占比第二的指标。制造业指标体系中研发投入、创新产出、高端化合计占比超过 40%。在高融合水平的"科技创新型"组态路径中，尽管能源消耗和产业结构不具优势，但技术创新单独构成解释结果产生的充分条件。在低融合水平的两条组态路径中，技术创新能力缺失均为核心条件。由此可见，技术创新对"两业"融合发展有至关重要的作用。

推动物流业和制造业向智能化转型是高质量发展的重要着力点，应在夯实产业基础建设的基础上，重视专业化人才的引进和培养，走一条自力更生的创新之路，加快形成以国内大循环为主体、国内国际双循环相互促进的新发展格局。制造业方面，应支持高质量集群化发展，促进科技赋能创新发展，重视科研投入，降低中美贸易摩擦等外力影响，实现长效稳定发展；同时，积极推进产业提质增效，提高生产效率和产业附加值，加快技术密集型产业模式转变步伐。物流业方面，要推进生产服务型国家物流枢纽建设，与制造业企业高效对接，提供一体化、增值服务，推动第三方物流提质增效、专业化发展；建立物流业务托管机制，实现物流业务外包，释放物流需求，稳中求进，整合优势资源，加大绿色物流、智慧物流的研发推广；运用互联网、线速路由交换机技术（POS）、电子数据交换（EDI）等技术，打造高附加值、高技术含量的产业链，提升专业化水

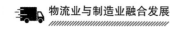

平和物流服务的质量。

9.2.2 提升数字化水平，助推产业转型升级

迅速发展的数字经济为世界经济注入了新的活力，也是促进中国经济高质量发展的关键力量。在本书高融合水平的"现代低碳型"和"均衡发展型"组态路径中，数字化水平均为核心条件，说明数字化水平的提升对"两业"融合发展的重要性。产业数字化转型是推动数字经济发展的关键因素，而供应链数字化是产业转型升级不可或缺的一环。数字化的核心特点在于链接，产业数字化即将数字技术贯穿信息收集、传输、存储、应用全过程，为不同行业、不同层级打破信息壁垒，建立起一个无线连接的数据交互系统，从而挖掘更大的企业发展潜力和空间。同时，将数字技术应用到产业链管理中，能够降低网络平台的管理和交易成本，对物流业与制造业深度融合具有重要作用。

各地区应跟随经济发展的浪潮，建立自主创新的数字技术体系，推动产业链模式创新；重视产学研相结合，培养产业数字化人才，并制定规范、统一的行业标准，方便信息匹配与对接，在此基础上建设开放共享的数据平台；运用5G、人工智能、大数据等前沿科技，完善数字化基础设施建设，搭建优良的产业信息交流平台，将工业互联网应用到物流领域；积极引导制造业企业从自营物流向业务外包的理念转变，推动产业园区、大型枢纽与第三方物流业企业建立共享平台，提高信息透明度、时效性和准确性，从而实现多方企业信息资源融合互通。

9.2.3 践行"双碳"目标，促进可持续发展

通过 fsQCA 结果分析可知，在数字化水平和出口依存度较高的情况下，高创新能力和高产业结构合理性可以被低能源消耗替代，从而实现高融合水平。因此，低能源消耗对于"两业"融合具有重要作用。党的二十大报告中提出要发展绿色低碳产业。低碳技术的创新与应用是推动低碳发展的核心驱动力。在"两业"发展进程中政府应建立良好的制度支撑，发挥科技减排优势，促进绿色技术创新研发，建立安全低碳、清洁高效的产业体系，才能长远、稳健地实现"两业"融合。

中国制造业的能源消费结构目前仍以煤炭为主，石油、冶金等高碳排放行业在生产过程中对余热利用率较低，存在资源浪费现象。应加强数字技术的推广应用，特别是对于生产中的碳排放节点设备进行改造，从而提高固体废弃物回收率和资源利用效率。加强低碳市场体系建设，利用大数据和云计算等数字技术建立碳排放监测网络，实现碳排放数据化实时管理。物流业企业要树立低碳化发展理念，优化运输结构，推动多式联运、集装箱运输的发展，建设智慧物流体系，构建"一站式"服务体系。近年来，新能源运输设备不断升级，仍然是重要的研发方向，其能够促使物流业向清洁低碳发展，并且对能源转型和低碳运输发展具有重要意义。物流业企业之间应加强合作、优势互补，共同推动供应链绿色转型和可持续发展。

9.2.4 结合产业优势，高质量开放发展

在本书中，高融合水平的"均衡发展型"路径由"两业"内部的创新能力与外部数字化水平、出口依存度和产业结构相匹配。由此可见，产业优势与开放发展能够形成强大合力，为物流业与制造业转型升级和高质量发展提供良好的土壤，改善"两业"融合发展的社会环境。

产业结构优化升级能够为"两业"融合发展提供助力，然而大多数省份仍以第二产业为主，因此，不同区域政府应结合现实基础，在夯实强势产业的基础上，以市场为导向推进各区域产业的优化升级。东部地区省份应利用口岸优势，依托前沿技术和科创能力，大力推动高新技术产业发展，加快智慧物流建设；中部地区省份主要处于黄河中游、长江中游地区，具有四通八达的交通网络，积极发展物流业，推动制造业数字化转型；西部地区省份应利用自身的资源禀赋，依托能源优势发展差异化制造业，重视跨区域和跨境物流发展。

在欧美国家吸引制造业回流的背景下，中国制造业面临贸易壁垒提高等反向引力，更应稳固产业基础，为产业发展创造良好的营商环境，同时应重视高质量对外开放，提高综合国力和中国制造的竞争力。一方面应加强创新效能，以科创园区建设为主体，吸引国际投资，实现产品和技术升级，提高国际竞争力；另一方面应将"引进来"和"走出去"结合起来，助推经济高质量发展，吸引高质量外资等优势资源投入，加强"一带一路"建设，带动跨境贸易合作，加快促成产业链融合和全球化产业布局。

9.2.5 注重引领作用，增强区域协调性

通过本书耦合协调度模型测算结果可知，"两业"发展与融合程度存在很大的空间异质性。从 2014~2020 年平均水平看，东部地区耦合协调度最高，整体平均水平逼近初级协调，中西部地区平均水平均处于轻度失调。从 fsQCA 分析也可以得出，高融合水平解释案例中 70% 以上均属于东部地区，且涵盖三种高融合水平组态，遥遥领先于中西部地区。要进一步推进"两业"深度融合就必须注重平衡区域内差异，使各区域发展更加协调。各区域应在壮大优势领域的同时，加强合作，沟通互鉴，缩小发展差距，实现优势互补。

结合本书的研究结果和不同区域的发展情况，提出如下政策建议。

第一，东部地区是"两业"融合的引领者，要发挥辐射带动作用。东部地区以环渤海、长三角、珠三角三大经济圈为支撑，聚集了人口和资本优势，创新能力强，对外开放程度高，跨境贸易频繁，现代化程度高，基础设施等方面发展程度较好，为物流业和制造业发展提供了良好土壤。北京、天津、上海率先进行低碳技术改革，江浙地区和广东均衡发展领跑全国"两业"发展水平。东部地区应借助产业结构优势推动产业升级，高举对外开放大旗，辐射带动广西、云南等内陆省份的"两业"发展。同时，东部地区也应当好全国产业前沿领域风向标，积极推行绿色低碳和供应链数字化转型发展，带动"两业"融合发展步伐。

第二，中部地区是"两业"融合的中坚力量，要发挥连接东西的纽带作用。中部地区交通网络四通八达、便捷高效，在促进区域经济协调发展和产业梯度转移方面发挥着至关重要的作用，是承东启西、连接南北的桥梁和纽带，不仅能够促进跨区域资本、人力、技术、信息以及物资商品的流动，也为畅通经济大循环和稳定国内市场提供了有力保障。安徽、河南、湖北以较高的科技创新能力领跑中部省份"两业"融合水平。要主动借助东部地区的港口优势，发展出口贸易，增强东部地区的扩散效应。同时，应携手西部地区的资源禀赋，增强区域吸引力，将桥梁优势转化为发展动能，注重创新能力的提升，实现高质量发展。

第三，西部地区是"两业"融合的潜力后备军，要依托政策优势实现快速发展。西部地区省份深居内陆，地理位置上缺乏优势，经济基础薄弱，但具有丰富的自然资源，且接壤邻国众多，应依靠资源禀赋发展矿石、石油、天然气等相关制造业，并借助口岸优势，依托"一带一路"倡

议、中欧班列等发展国际物流业，实现产业差异化发展。此外，西部地区应重视人才引进战略，创造良好的人才发展环境，培养思维创新高地，为西部地区产业发展注入活力，推动"两业"融合发展。四川和陕西分别领跑西南和西北地区的"两业"发展，应发挥物流交通枢纽作用和智能制造的改革引领作用。重庆引领低碳技术创新和产业绿色转型升级，对西部地区产业发展具有重要的带动作用。

9.3 研究展望

本书围绕 2014~2020 年中国 30 个省、自治区、直辖市（不含香港、澳门、台湾和西藏）物流业与制造业的融合发展进行了逐层深入的探析，但由于自身学术能力的局限性，仍存在以下不足有待在今后的学习和研究中完善和优化。

第一，数据精确性仍有提升空间。考虑到数据的可操作性，本书选取交通运输、仓储和邮政业的相关指标数据来替代物流业数据，对于难以获取的制造业数据用工业数据代替。虽然不会对研究结论造成较大影响，但仍有一定偏差。如果能收集到统计口径更加精确的代表数据可提升实证研究的真实性和可靠性。

第二，其他有效条件组态还需进一步挖掘。在选取"两业"融合的影响因素时，虽从内部和外部两个维度进行了考虑，但由于所研究问题的复杂性，影响因素可能不止本书所分析的几种，导致其他组态路径尚未被发现。同时，经济发展和社会进步所产生的新的影响指标还没有较为普遍的量化标准。未来，如果能较好地将企业经营质量以及供应链数字化水平进行量化并纳入影响因素，将能够为"两业"融合提供更多有效思路。

第三，未来的研究中可将 fsQCA 与其他方法结合运用。本书用 fsQCA 方法对"两业"融合水平的因果复杂机制和组态路径进行了刻画，但该方法只涉及从条件变量到结果变量的输入输出关系，无法了解条件间的中介效应和各条件组态对结果变量的作用程度。在以后的研究中，可以将 fsQCA 方法与回归分析等方法巧妙地结合起来，实现方法间的优势互补，使研究结果更加完善。

参考文献

[1] Agénor P. R.Competitiveness and External Trade Performance of the French Manufacturing Industry [J] . Review of World Economics, 1997, 133(1): 123-129.

[2] Aghamohammadzadeh E., Malek M., Valilai O. F. A Novel Model for Optimisation of Logistics and Manufacturing Operation Service Composition in Cloud Manufacturing System Focusing on Cloudentropy [J] . International Journal of Production Research, 2020, 58(7): 1987-2015.

[3] Akas E., Agaran B., Ulengin F., et al. The Use of Outsourcing Logistics Activities: The E Case of Turkey [J] . Transportation Research Part, 2011, 19(5): 833-852.

[4] Aziz A., Memon J.A., Ali S. Logistics Capability, Logistics Outsourcing and Firm Performance in Manufacturing Companies in Pakistan[J]. The Journal of Asian Finance Economics and Business, 2020, 7(8): 435-444.

[5] Balackburn T. D., Mazzuchi T., Sarkani S.Overcoming Inherent Limits to Pharmaceutical Manufacturing Quality Performance with QbDC (Quality by Design)[J] . Journal of Pharmaceutical Innovation, 2011, 6(2): 69-76.

[6] Bathla S.Inter-Sectoral Growth Linkages in India: Implications for Policy and Liberalized Reforms [R] . Institute of Economic Growth Discussion Paper, 2003, No.77.

[7] Bell R. G., Filatotchev I., Aguilera R. V. Corporate Governance and Investors' Perceptions of Foreign IPO Value: An Institutional Perspective [J] . Academy of Management Journal, 2014, 57(1): 301-320.

[8] Cao J.Research on Talents Training in Higher Vocational Colleges for Intelligent Manufacturing [C] . Proceedings of the 2nd International Conference on Education Technology and Economic Management, 2017.

[9] Chankov S., Huett M., Bendul J. Influencing Factors of

Synchronization in Manufacturing Systems [J] . International Journal of Production Research, 2018, 56(14): 4781-4801.

[10] Chen Y. W., Larbani M.Simulating the Performance of Supply Chain with Various Alliances [J] . International Journal of Advanced Manufacturing Technology, 2005, 25(7): 803-810.

[11] Deepika J., Bimal N. Ajay P., et al. On Supply Chain Competitiveness of Indian Automotive Component Manufacturing Industry [J] . International Journal of Production Economic, 2013, 143(1): 151-161.

[12] Eswaran M., Kotwal A.The Role of the Service Sector in the of Industrialization [J] . Journal of Development Economics, 2002, 68(2): 401-420.

[13] Far R., Tannock J., AlmgrenT.A Parametric Approach to Logistic Control within Manufacturing Simulation [J] . International Journal of Industrial and Systems Engineering, 2010, 5(3): 313-326.

[14] Fixler D. J., Siegel D. Outsourcing and Productivity Growth in Services [J] . Structural Change and Economic Dynamics, 1999, 10(2): 177-194.

[15] Francois J. F. Producer Services Scale and Divisions of Labor [J] . Oxford Economic Papers, 1990, 42(2): 715-729.

[16] Fritschy C., Spinler S. The Impact of Autonomous Trucks on Business Models in the Automotive and Logistics Industry: A Delphi-Based Scenario Study [J] . Technological Forecasting and Social Change, 2019, 148: 119-130.

[17] Gerum E., Sjurts I., Stieglitz N. Industry Convergence and the Transformation of the Mobile Communications System of Innovation [R] . Phillips University Marburg, Department of Business Administration and Economics, 2004.

[18] Gonzalez M., Quesada G., Salgado M. , et al. Logistics Cost Structuring Using both Manufacturing and Non-Manufacturing Costs [J] . International Journal of Logistics Economics and Globalization, 2020, 8(4): 285.

[19] Guerrieri P., Meliciani V. Technology and International Competitiveness: The Interdependence between Manufacturing and Producer

Services [J] . Structural Change and Economic Dynamics, 2005, 16(4): 489–502.

[20] Hacklin F., Marxt C., Fahrni F.An Evolutionary Perspective on Convergence: Inducing a Stage Model of Inter-Industry Innovation [J] . International Journal of Technology Management, 2010, 49(11213): 220–249.

[21] Herrmann C., Schmidt C.Sustainability in Manufacturing and Factories of the Future [J] . International Journal of Precision Engineering and Manufacturing, 2014, 1(4): 283–292.

[22] Hsiao H. I., Kemp R. G. M., Van der Vorst J. G. A. J., et al. A Classification of Logistic Outsourcing Levels and Their Impact on Service Performance: Evidence from the Food Processing Industry [J] . International Journal of Production Economics, 2010, 124(1): 75–86.

[23] Hutton T. A. Service Industries, Globalization, and Urban Restructuring within the Asia-Pacific: New Development Trajectories and Planning Responses [J] . Progress in Planning, 2010, 61(1): 1–74.

[24] Illeris S.Proximity between Service Producers and Service Users [J] . Journal of Economic and Social Geography, 1994(85): 294–302.

[25] Jayaram J., Tan K. C. Supply Chain Integration with Third-Party Logistics Providers [J] . International Journal of Production Economics, 2010, 125(2): 17–26.

[26] Kakaomerlioglu D. C., Carlsson B. Manufacturing in Decline? A Matter of Definition [J] . Economics of Innovation and New Technology, 1999, 8(3): 175–196.

[27] Leiponen A. The Benefits of R&D and Breadth in Innovation Strategies: A Comparison of Finnish Service and Manufacturing Firms [J] . Industrial & Corporate Change, 2012, 21(5): 1255–1281.

[28] Lightfoot H., BainesT., Smart P. The Servitization of Manufacturing: A Systematic Literature Review of Interdependent Trends [J] . International Journal of Operations & Production Management, 2013, 33(11/12): 1408-1434.

[29] Liu C.L., Lyons A.C.An Analysis if Third-Party Logistics Performance and Service Provision [J] . Transportation Research Part E, 2011,

47(4): 547–570.

［30］Lödding H. A Manufacturing Control Model［J］. International Journal of Production Research, 2012, 50(22): 6311–6328.

［31］Lundavall B. A., Borrás S.The Globalising Learning Economy: Implications for Innovation Policy［J］. TSER Programmer Report, Commission of the European Union, 1998(1): 66–73.

［32］Mary K., Ida K., Kjærgaard T. Design for Manufacturing and Assembly Key Performance Indicators to Support High-Speed Product Development［J］. Procedia CIRP, 2018(70): 114–119.

［33］Ragin C. C., Fiss P. C.Net Effects Analysis versus Configurational Analysis: An Empirical Demonstration［J］. Redesigning Social Inquiry: Fuzzy Sets and Beyond, 2008(240): 190–212.

［34］Ragin C. C. Set Relations in Social Research: Evaluating Their Consistency and Coverage［J］. Political Analysis, 2006, 14(3): 291–310.

［35］Rehman K., Qian L. D., Zhang Y.Study of Logistics and Manufacturing Industry Integration from the Perspective of Pakistan［J］. International Journal of Engineering Research in Africa, 2016(24): 172–180.

［36］Rentería I.A.T., Cervantes E.B., Moya S. M., et al. Homeostasis de la Industria de manufactura en Jalisco, México: El kaizen como negentropía en la logística de embarques［J］. Tecnura, 2019, 23(62): 21–33.

［37］Rihoux B., Ragin C. C. Configurational Comparative Methods: Qualitative Comparative Analysis (QCA) and Related Techniques［M］. Los Angeles: SAGE, 2009.

［38］Stock G. N., Greis N. P., Kasarda J. D. Logistics, Strategy and Structure: A Conceptual Framework［J］. International Journal of Operations & Production Management, 1999, 29(4): 224–239.

［39］Straka M., Spirkova D., Filla M. Improved Efficiency of Manufacturing Logistics by Using Computer Simulation［J］. International Journal of Simulation Modelling, 2021, 20(3): 501–512.

［40］Tang C. S., Veelenturf L. P. The Strategic Role of Logistics in the Industry 4.0 Era［J］. Transportation Research Part E: Logistics and Transportation Review, 2019(129): 1–11.

〔41〕Tang S., Wang W., Yang H ., et al.Low Carbon Logistics: Reducing Shipment Frequency to Cut Carbon Emissions〔J〕. International Journal of Production Economics, 2015(164): 339–350.

〔42〕Van den Heuvel F.P., De Langen P.W., Van DonselaarK. H., et al. Proximity Matters: Synergies through Co-Location of Logistics Establishments〔J〕. International Journal of Logistics Research and Applications, 2014, 17(5): 377–395.

〔43〕Windt K., Jeken O., Becker T.Autonomous Control in Production〔J〕. ZWF Zeitschrift für Wirtschaftlichen Fabrikbetrieb, 2010, 105(5): 439–443.

〔44〕Wochinger T., Munzberg B., Kennemann M.Evaluation of Production Logistics based on Level of Maturity〔J〕. ZWF Zeitschrift für Wirtschaftlichen Fabrikbetrieb, 2010, 105(3): 222–226.

〔45〕Yang F.F., Yeh A.G.O., Wang J.Regional Effects of Producer Services on Manufacturing Productivity in China〔J〕. Applied Geography, 2018, 97(4): 263–274.

〔46〕Yang L. Research on the Current Situation and Problems of Intelligent Logistics Industry in China〔C〕. Proceedings of the 2nd International Symposium on Social Science and Management Innovation, 2019.

〔47〕陈春晖.基于灰色关联的福建省制造业与物流业联动发展研究〔J〕.中国市场，2012（2）：15–18.

〔48〕陈春明，陈佳馨，谷君.我国制造业与物流业联动发展的演化研究〔J〕.山东大学学报（哲学社会科学版），2020（2）：73–81.

〔49〕陈良云.福建省农村物流发展的影响因子分析〔J〕.物流工程与管理，2019（8）：26–28，23.

〔50〕陈启泷，狄为.基于交易成本理论的组织间信任与承诺对财务绩效影响研究〔J〕.财会通讯，2015（12）：81–85.

〔51〕陈宪，黄建锋.分工、互动与融合：服务业与制造业关系演进的实证研究〔J〕.中国软科学，2004（10）：65–71，76.

〔52〕程永伟.中国物流业与制造业联动发展的测度及影响研究：基于供需依赖性视角〔J〕.中国经济问题，2013（1）：62–71.

〔53〕褚衍昌，连文浩，严子淳.基于DEA-GRA双层模型的物流业与制造业联动效率测度〔J〕.统计与决策，2021，37（1）：182–186.

〔54〕戴建平，骆温平.核心竞争力视角下物流业与制造业联动机理的评

述及思考［J］.管理现代化，2017，37（1）：9-11.

［55］邓良.中国物流业与制造业联动发展实证分析：基于经济转型期行业面板数据分析的视角［J］.中国流通经济，2013，27（7）：29-36.

［56］丁立磊，张学敏.以融合创新助推文化产业高质量发展［J］.人民论坛，2019（35）：140-141.

［57］董千里，张林，申亮.制造业与物流业联动发展的产业协调度研究：基于陕西省数据实证分析［J］.技术经济与管理研究，2015（3）：119-123.

［58］董千里.集成场理论：两业联动发展模式及机制［M］.北京：中国社会科学出版社，2018.

［59］杜宏.我国农村物流发展策略研究［J］.物流科技，2017（2）：96-97.

［60］杜运周，贾良定.组态视角与定性比较分析（QCA）：管理学研究的一条新道路［J］.管理世界，2017（6）：155-167.

［61］樊敏.中国城市群物流产业效率分析及发展策略研究：基于产业运作及联动发展视角［J］.软科学，2010，24（5）：11-16.

［62］范荣华.创新服务模式视角下物流业与制造业协同体系研究［J］.价格月刊，2016（3）：84-87.

［63］弓宪文.制造业与物流业协调发展测度方法及实证分析［J］.北京交通大学学报（社会科学版），2016，15（4）：74-84.

［64］桂黄宝，刘奇祥，赫铖文.河南省生产性服务业与装备制造业融合发展影响因素［J］.科技管理研究，2017（11）：92-97.

［65］郭雷，袁伦.中国企业人力资源管理外包的分析和建议：基于社会分工理论［J］.经济研究导刊，2011（4）：146-147.

［66］何博.制造业与物流业联动机理系统动力学分析［J］.重庆工商大学学报（社会科学版），2016，33（2）：15-23.

［67］何黎明.中国智慧物流发展趋势［J］.中国流通经济，2017，31（6）：3-7.

［68］李秉强.中国制造业与生产性服务业耦合影响因素分析［J］.统计与信息论坛，2015，30（3）：76-81.

［69］李锋，陈太政，辛欣.旅游产业融合与旅游产业结构演化关系研究：以西安旅游产业为例［J］.旅游学刊，2013，28（1）：69-76.

［70］李根.产业共生视角下制造业与物流业协同发展研究［J］.商业经

济研究，2016（22）：184-187.

［71］李蕾，刘荣增.产业融合与制造业高质量发展：基于协同创新的中介效应［J］.经济经纬，2022，39（2）：78-87.

［72］李巧华.新时代制造业企业高质量发展的动力机制与实现路径［J］.财经科学，2019（6）：57-69.

［73］李晓丹.我国物流高质量发展的路径选择［J］.物流工程与管理，2018，40（12）：11-13.

［74］李颖，李晶.制造业与物流业联动发展研究：评经济科学出版社《制造业与物流业联动的物流服务创新研究》［J］.价格理论与实践，2019（9）：172.

［75］李宇，杨敬.创新型农业产业价值链整合模式研究：产业融合视角的案例分析［J］.中国软科学，2017（3）：27-36.

［76］梁红艳，柳丽华.中国制造业与物流业联动发展的生产率效应［J］.福州大学学报（哲学社会科学版），2020，34（1）：35-44.

［77］梁红艳.中国制造业与物流业融合发展的演化特征、绩效与提升路径［J］.数量经济技术经济研究，2021，38（10）：24-45.

［78］廖毅，汤咏梅.双循环新发展格局下现代物流业促进区域经济协调发展研究［J］.理论探讨，2021（1）：88-93.

［79］林双娇，王健.中国物流业高质量发展水平测度及其收敛性研究［J］.统计与决策，2021，37（8）：9-14.

［80］刘纯彬，杨仁发.基于产业融合的我国生产性服务业发展研究［J］.经济问题探索，2011（9）：69-73.

［81］刘睿君，董千里，申亮.制造业与物流业联动对物价的影响［J］.技术经济与管理研究，2015，36（4）：109-112.

［82］刘晓萌，王蒙蒙.京津冀城市群先进制造业与物流业耦合协同发展效率评价［J］.商业经济研究，2022（10）：166-169.

［83］路红艳.生产性服务与制造业结构升级：基于产业互动、融合的视角［J］.财贸经济，2009（9）：126-131.

［84］罗文.突出主业引领创新 推动国家级新区制造业高质量发展走在全国前头［J］.宏观经济管理，2019（8）：5-10.

［85］马健.产业融合理论研究评述［J］.经济学动态，2002（5）：78-81.

［86］马妍.山西省物流业与制造业联动发展路径及提升策略研究［D］.太原：山西师范大学，2020.

［87］冉春艳.长江经济带物流业与制造业耦合协调发展研究［D］.重庆：重庆工商大学，2020.

［88］任友群，郑旭东，吴旻瑜.深度推进信息技术与教育的融合创新：《教育信息化"十三五"规划》（2016）解读［J］.现代远程教育研究，2016（5）：3-9.

［89］师露露，万志鹏.电子商务视角下贵州省农产品物流模式构建［J］.物流工程与管理，2018，40（8）：21-23.

［90］苏涛永，张亮亮，赵鑫.制造业与物流业耦合对制造业企业生产率的影响：基于产业共生视角［J］.工业工程与管理，2020，25（3）：42-49.

［91］苏艳林.制造业与生产性服务业共生创新系统演化研究［D］.秦皇岛：燕山大学，2020.

［92］苏毅清，游玉婷，王志刚.农村一二三产业融合发展：理论探讨、现状分析与对策建议［J］.中国软科学，2016（8）：17-28.

［93］唐强荣，徐学军.生产性服务业研究述评［J］.商业时代，2007（6）：11-12.

［94］唐晓华，张欣珏，李阳.中国制造业与生产性服务业动态协调发展实证研究［J］.经济研究，2018，53（3）：79-93.

［95］唐艳.交易成本理论在价值链成本管理中的应用［J］.财会月刊，2015（12）：7-9.

［96］田强，刘岩，李娜，等.制造业与物流业的协调发展：基于华东地区的实证研究［J］.现代管理科学，2022，10（1）：31-41.

［97］汪芳，石鑫.中国制造业高质量发展水平的测度及影响因素研究［J］.中国软科学，2022（2）：22-31.

［98］王洪涛，陆铭.供需平衡动能转换与制造业高质量发展［J］.江苏社会科学，2020（4）：128-136.

［99］王静.制造业与物流业联动推进产业链治理能力现代化［J］.郑州大学学报（哲学社会科学版），2021，54（2）：62-68.

［100］王宁.辽宁物流业与制造业的联动分析［D］.大连：大连海事大学，2011.

［101］王晓红，王传荣，彭玉麒.发展生产性服务业推动二业融合的国际

经验及启示［J］.国际贸易，2013（8）：18–24.

［102］王晓艳.制造业与物流业联动发展的机理和模式研究［J］.物流技术，2009，28（7）：6–8.

［103］王心宇.内蒙古物流业与制造业协同水平测度及影响因素研究［D］.呼和浩特：内蒙古工业大学，2021.

［104］王珍珍，陈功玉.我国制造业不同子行业与物流业联动发展协调度实证研究：基于灰色关联模型［J］.上海财经大学学报，2010，12（3）：65–74.

［105］王珍珍.基于共生度模型的长江经济带制造业与物流业协同发展研究［J］.管理学刊，2017，30（5）：34–46.

［106］王珍珍.我国制造业与物流业联动发展效率评价：基于超效率CCR-DEA模型［J］.中国流通经济，2017，31（5）：20–30.

［107］王佐.制造业与物流业联动发展的本源和创新［J］.中国流通经济，2009，23（2）：16–19.

［108］翁钢民，李凌雁.中国旅游与文化产业融合发展的耦合协调度及空间相关分析［J］.经济地理，2016，36（1）：178–185.

［109］吴爱东，刘慧丹.高技术服务业与制造业融合对制造业高质量发展影响研究［J］.天津经济，2021，26（10）：30–38.

［110］吴传清，邓明亮.长江经济带制造业和服务业融合发展水平测度及影响因素研究［J］.扬州大学学报（人文社会科学版），2020，24（4）：44–62.

［111］许光清，邹骥.系统动力学方法：原理、特点与最新进展［J］.哈尔滨工业大学学报（社会科学版），2006（4）：72–77.

［112］鄢飞.物流业与制造业协同集聚的空间关联与影响因素［J］.统计与决策，2021，37（7）：113–117.

［113］杨青河，张文杰，孟燕萍.现代物流产业概念内涵和外沿的理论研究［J］.物流技术，2005（10）：38–40.

［114］杨守德.技术创新驱动中国物流业跨越式高质量发展研究［J］.中国流通经济，2019，33（3）：62–70.

［115］杨文霞.浙江省制造业与物流业协同集聚及其经济增长效应研究［D］.杭州：杭州电子科技大学，2019.

［116］杨现锋，唐秋生.第三方物流业企业的轻资产发展战略研究［J］.

重庆交通大学学报（社会科学版），2007（6）：15–17.

［117］杨依杭.多层面物流资源对制造业与物流业联动效率的影响研究［D］.北京：北京交通大学，2017.

［118］杨月锋，赖永波.闽南地区制造业与物流业协同发展研究［J］.长春大学学报，2021，31（9）：10–17.

［119］曾鹏.协同学视角下区域技术战略实施对企业迁移影响效果评价及改进策略研究［J］.科技进步与对策，2014，31（2）：30–35.

［120］张浩，崔丽，侯汉坡.基于协同学的企业战略协同机制的理论内涵［J］.北京工商大学学报（社会科学版），2011，26（1）：69–75.

［121］张季平.制造＋物流协同新模式：基于海尔与日日顺物流的运作机制［J］.企业管理，2020（3）：103–106.

［122］张思涵.安徽省物流业与制造业联动发展研究［D］.合肥：合肥工业大学，2016.

［123］张晓丽.河北省物流业与制造业互动发展研究［D］.保定：河北大学，2018.

［124］张志新，路航，孙振亚.“双碳”目标对制造业高质量发展的影响研究：基于价值链地位提升视角［J］.价格理论与实践，2022（1）：144–147，175.

［125］张倬玮.中国生产性服务进口对制造业全要素生产率的影响［D］.北京：首都经济贸易大学，2020.

［126］赵胤斐，冯晖，张冰心，等.物流业与制造业的物流供需协同机制模型构建［J］.商业经济研究，2018（19）：85–87.

［127］郑伟伟.物流业与制造业耦合协调度的时空分异及驱动因素［D］.广州：广东工业大学，2022.

［128］钟永光，贾晓菁，钱颖.系统动力学［M］.北京：科学出版社，2013.

［129］周晓晔，马小云，朱梅琳，等.智能制造背景下物流业与制造业耦合协调发展研究［J］.物流工程与管理，2022，44（2）：14–16.

［130］祝合良，王春娟.“双循环”新发展格局战略背景下产业数字化转型：理论与对策［J］.财贸经济，2021，42（3）：14–27.

［131］宗刚，肖晓昀.基于灰色关联视角的物流业与制造业联动发展研究：以长三角为例［J］.财经理论与实践，2016，37（3）：111–116.